6시그마 전략과 프로젝트

이 도서의 국립중앙도서관 출판시도서목록(CIP)은 e-CIP 홈페이지
(http://www.nl.go.kr/cip.php)에서 이용하실 수 있습니다.(CIP제어번호 : CIP2008001048)

6시그마
전략과 프로젝트

6시그마 정착을 위한 25가지 실전 노하우

포스코특수강 6시그마연구회 지음

리드리드출판

POSCO의 핵심 계열사로 성장한 '포스코특수강.' 지금의 모습을 갖추기 까지 포스코특수강이 지나온 길은 변화와 혁신의 연속이었습니다.

10년 전, POSCO가 삼미특수강의 봉강부문을 인수하면서 창원특수강㈜으로 새 출발을 했습니다. '변해야 산다'는 신념으로 합심 단결한 결과, 창사 3년 만에 흑자로 돌아섰고, 모든 면에서 발전적인 변화의 초석을 닦았습니다.

1999년 철강업체 최초로 시작한 '6시그마 활동'은 이 같은 우리의 노력과 의지 위에 한 차원 높은 관리수준에 도달하는 길을 알려주었고, 혁신 인재를 길러내는 좋은 도구가 되었습니다.

어려움도 많았습니다. 그중 가장 큰 어려움은 '6시그마 활동'이 현장 대중에 가까이 다가서지 못한다는 점이었습니다. 이렇게 된 데에는 어려운 이론과 기법 중심으로 딱딱하게 구성된 당시의 6시그마 교재도 한 몫 했습니다.

이에 회사는 6시그마 출범 초기부터 우리 실정에 맞고 현장 업무에 바로 적용할 수 있는 길잡이가 될 만한 자체 교재를 개발하기로 하였습니다. 그 첫 번째 고심의 산물이 바로 2002년에 출간된 『실행하기 쉬운 6시그마 기법』이었습니다.

원래 이 책은 사내 일반직원의 6시그마 도입 교육용으로 개발한 것으로 주인공 '창 대리'의 이야기를 통해 6시그마 개선활동의 전체적인 흐름과 단계별 추진과정을 쉽게 이해할 수 있게 구성한 교재였습니다.

이 교재는 리드리드출판을 통해 세상에 나오게 되었습니다. 이 출판은 우리에게 또 다른 용기를 주었고, 6시그마 실무 지침서『실행하기 쉬운 6시그마 과제 추진』(2003), 설계나 기획업무에 적용하는 6시그마 방법론인『실행하기 쉬운 6시그마 DFSS 기법』(2004)을 연이어 출간하는 계기가 되었습니다. 이 책들로 인해 6시그마에 대한 기본적인 활동 지침서는 어느 정도 틀을 갖추었습니다.

그 후 3년이 흘렀습니다. 글로벌 환경에 걸맞게 회사이름을 '창원특수강'에서 '포스코특수강'으로 바꾸었고, 6시그마는 이제 포스코특수강의 변화와 혁신을 대표하는 상징이 되었습니다. 또한 6시그마는 현장과 함께 숨쉬면서 지속적 개선문화를 이끄는 동력으로 발전하였습니다.

이즈음 또 하나의 6시그마 책을 집필했으면 좋겠다는 공감대가 형성되었습니다. 바로 그간의 6시그마 활동 경험에 비추어 6시그마가 가야 할 방향은 진정 무엇이며, 기업문화로 정착하려면 어떤 실무적인 노력이 필요한지를 정리하여 제시하는 것이었습니다.

이 작업은 우리에게는 6시그마를 더욱 성숙시킬 방안을 모색하고, 6시그마가 하부 구성원까지 뿌리내리지 못한 타 기업에게는 활성화를 위한 실무적인 해법을 제공할 수 있으리라 판단했습니다.

앞서 소개한 3권의 책을 집필한 경험이 있는 3명의 MBB가 다시 힘을 합쳤습니다. 먼저 6시그마 양대 부문인 '전략'과 '프로젝트'에서 6시그마 활성화의 핵심 키워드 25가지를 도출하였습니다. 그러고는 포스코특수강의 실제 사례를 중심으로 하나씩 정리해 담았습니다.

가급적 이론적 내용은 배제하고 6시그마 활동에 직접 임하는 사무국 요원이나 프로젝트 리더들이 실무에서 겪는 의문점이나 고민사항에 대답한다는 생각으로 기술하였습니다. 아무쪼록 이 책을 읽는 독자들이 6시그마에 관한 친근한 조언자 한 명을 만나시길 바랍니다.

마지막으로 미력한 원고를 받아 좋은 책으로 펴내주신 출판사와 삽화로 한껏 내용을 살려준 최진숙 씨에게 감사를 표합니다.

2008년 1월
포스코특수강 MBB 일동

프로젝트 편

SIGMA 전략 편

등장인물

창 과장

3년간 6시그마 프로젝트를 추진한 경험이 있는 Green Belt,
그러나 아직도 6시그마에 대한 의문이 많다.

원 MBB

6시그마 지식과 실무에 정통한 Master Black Belt.
'이제 6시그마도 변해야 한다'는 생각을 갖고 있다.

강 주임

6시그마 프로젝트를 첫 경험하고 관심이 많은 현장 관리자,
6시그마를 현장에 뿌리내리기 위해서는 변화가 필요하다고 느낀다.

01 — 6시그마는 진화 중

▶▶ 변화를 주도하는 6시그마도 이젠 변화의 물결을 피할 수 없다.

▶▶ 기업의 특성에 맞는 6시그마로 진화할 때 6시그마는 성공할 수 있다.

6시그마가 변해야 하는 이유

6시그마가 태어난 지 20년이 넘었다. 사람으로 치면 청년기에 접어들었다. 그동안 많은 기업들이 경영혁신의 도구로 받아들여 나름대로 성공적인 결과를 얻었고 지금 이 시간에도 늦게나마 입문을 준비하는 기업도 많다.

이토록 오랜 동안 6시그마가 각광받는 이유는 무엇일까? 여러 가지 이유가 있겠지만, 많은 전문가들이 '사람'과 '과정'이라는 두 가지 힘이 작용하기 때문이라고 한다. 사람의 힘은 '6시그마에 대한 똑같은 생각과 행동으로 각자의 역할을 충실히 수행하는 것'을 말하고, 과정의 힘은 '과학적이고 합리적인 문제해결 방법론'에서 나온다.

그러나 변화의 힘이 더 센가 보다. 개선활동의 첨병인 6시그마마저도 변화의 거센 물결을 피해갈 수 없는 걸 보면…

그렇다면 전통적 6시그마의 어떤 모습이 변화를 불러왔는지 먼저 살펴보아야 한다.

:: 프로젝트 위주의 6시그마

6시그마의 전략적 목표 가운데 가장 매력적인 것은 역시 'Make money'이다. 그러다 보니 대부분 기업들은 기본을 무시한 채 돈만 좇아가는 전략을 세운다. 다시 말해 손에 잡히지 않는 것보다 당장 돈이 되는 '프로젝트'에 연연한다.

"올 한 해 BB 프로젝트 50건, GB 프로젝트 200건으로 1,000억 원을 벌었다"고 자랑스럽게 말하곤 한다. 그러나 알 사람은 다 안다. 그중에 얼마가 금고 속으로 직접 들어왔는지.

결국 프로젝트 위주의 6시그마는 얼마 가지 못해 변화의 칼바람을 맞게 된다. 돈에 대한 거품이 빠지면서 6시그마 무용론자들이 득세하기 때문이다.

:: 현장과 동떨어진 6시그마

6시그마의 궁극적 목적은 뭐니뭐니 해도 기업 체질 변화와 튼튼한 경쟁력 확보이다. 그러려면 기업 내의 특정 부문, 소수 사람의 전유물이어서는 안 된다. 전 직원이 참여하여 총체적인 변화를 이끌어내야 가능하다.

그러나 지금까지 6시그마는 너무 어렵고 복잡하여 아무나 접근할 수 없었다. BB, GB교육을 받은 사람만 할 수 있는 고급의 개선활동으로 인식되었다. 이 때문에 현장 직원들의 주도적인 참여를 이끌어내지 못했다.

"기업의 역사는 현장에서 이루어진다."는 사실을 인정하는가? 그렇다면 6시그마도 항상 현장을 향하고 현장 직원들의 진솔한 소리에 귀기울여야 한다. '아래로부터의 활기찬 변화', '현장 중심의 개선문화 정착'이 없으면 6시그마가 꿈꾸는 진정한 의미의 성공을 이룰 수 없기 때문이다.

:: 기본 원리와 철학을 무시한 6시그마

6시그마는 증거가 더는 필요 없는 몇 가지 기욷 원리와 철학에 바탕을 두고 있다. 그렇다고 새롭게 창조한 것은 아니고 수십 년 동안 우리 주변에 있었던 많은 기법과 개념에서 찾아낸 자명한 이치를 새로 엮은 것이다. 그냥 따르면 되는 금언(axiom)과 같다.

- **We don't know what we don't know.**
  (우리가 모르는 것은 모른다.)
- **We can't act on what we don't know.**
  (우리가 모르는 것은 조치할 수 없다.)
- **We measure what we value.**
  (우리가 가치 있게 생각하는 것을 측정한다.)
- $Y = f(x)$
  (결과가 있으면 원인이 반드시 있다.)

네 금언에서 6시그마의 철학을 엿볼 수 있다. 6시그마는 뭔가를 앎에서 출발한다. 바로 '산포(散布)'이다. 산포를 알면 문제를 아는 것이고 산포의 근원을 알면 개선할 수 있다는 의미이다. 그리고 '측정하지 않고는 개선할 수 없다'는 강한 믿음이 있다. 즉 데이터로 표현 불가능하면 안다고 할 수 없으며, 모르면 개선할 수 없다는 의미와 통한다.

마지막으로 문제해결의 올바른 접근법을 일러준다. 무슨 일이든지 원인과 결과의 관계를 속속들이 밝히면 해답을 찾을 수 있다는 것이다.

　이러한 6시그마의 기본 원리와 철학을 이해하지 않은 채 앞만 보고 달린다면 몇 년이 지난 뒤에 엉뚱한 질문을 받는다.

　"6시그마가 도대체 뭐야?"

　그래서 "기본이 바로 서야 6시그마가 바로 선다."는 말이 통하나 보다.

6시그마는 진화 중

6시그마는 세대 변화를 꾀한다. 품질개선과 기업의 수익성 제고 위주의 1, 2세대를 지나 3세대 6시그마를 구가한다.

6시그마 주창자인 마이클 해리(Michael J. Harry)의 입을 통해 3세대 6시그마의 목적과 개념을 알아 보자.

"1, 2세대와 3세대의 차이는 쉽게 말해서, 비디오에 기능을 하나 더 추가한 것이라 보면 됩니다. 2세대가 Toolset 중심이었다면 3세대는 Mindset 중심입니다. 단순히 품질개선의 툴에서 벗어나 사고방식의 전환을 가져오도록 하는 것이 3세대 6시그마의 기본 컨셉트입니다. 이에 따라 3세대 6시그마를 개발하면서 새로운 핵심전략 3가지를 도입했습니다.

첫째, 기업의 가치사슬에 연관된 사람들을 최대한 참여시키는 것입니다. 협력업체까지 포함돼야 합니다. 둘째, 인터넷과 같은 신기술을 적극 활용해 광범위하고 신속하게 6시그마를 전파해야 합니다. 끝으로 6시그마가 불러올 강력한 힘은 블랙벨트 같은 소수의 전문가들이 아니라 모든 직원들로부터 나오도록 해야 합니다. 새로운 접근법의 효과는 놀라울 것입니다. 그동안 6시그마 전문교육을 이수한 소수의 블랙벨트와 그린벨트들이 성취한 성과도 대단한데 전 직원이 참여하면 어떤 결과가 나올지 상상에 같기겠습니다."

〈한국경제신문〉 발췌

3세대 6시그마의 모습은 앞서 밝힌 '6시그마가 변해야 하는 이유'를 그대로 대변하는 듯하다. 마이클 해리도 우리의 고민을 알고 6시그마 주창자로서 책임감을 느끼는가 보다.

이제 우리가 가야 할 방향은 정해진 듯하다. '마이클 해리의 3세대 6시그마'가 꼭 아니더라도 '우리의 6시그마'를 위하여 각 기업의 실정에 맞는 구체적 전략을 세우고 주저 없이 실행할 일만 남았다.

치열한 생존경쟁에서 살아남는 차원을 뛰어넘어 글로벌 리더로서의 위치를 당당하게 확보하기 위하여.

02 ── 6시그마는 프로젝트 추진이 전부가 아니다

아니! 창 과장,
뭘 그리 열심히
하시나?

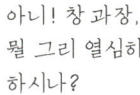

직원 교육계획서를 만드는데
검토할 내용이
워낙 많아서…

어디 한번 보세.

아니! 이건 6시그마 하는 회사의
보고서가 아닌데…

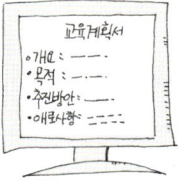

6시그마가 일상적인 업무보고서와도
상관 있나요?

 시사점

▶▶ 6시그마로 성공하는 길은 '프로젝트를 통한 새로운 가치창출'과
▶▶ '6시그마적 기업체질 개선'을 병행할 때 가능하다.

6시그마로 성공한 모습은

 "창 과장, 자네는 6시그마로 성공한 기업의 모습이
무엇이라고 생각하나?"

 "당연히 돈을 많이 벌어서 부자 회사,
부자 직원이 되는 것 아닌가요?"

 "그것 좋지. 그럼 자네 집으로 시선을 돌려볼까.
자네와 제수씨가 맞벌이해서 돈만 많이 벌면 행복하던가?"

 "꼭 그렇지는 않아요. 돈도 중요하지만
가족이 건강하고 화목해야지요."

 "그렇지. 회사도 마찬가지야. 6시그마로 성공한 기업이 되려면
프로젝트를 통한 가치창출도 중요하겠지만
기업문화를 6시그마적으로 바꿔야 한다는 것일세."

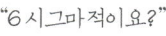 "6시그마적이요?"

 "그래. 일하는 방식, 생각하는 방식에도 6시그마의 장점을
살려보자는 것이지."

One point lesson

:: '6시그마적'이란?

6시그마의 '기본원리와 철학'이 자연스럽게 구현된 상태를 말한다.
대표적 요소는 다음과 같다.

- 고객
- 프로세스
- 데이터
- 산포
- $Y = f(x)$
- 핵심인자(Vital Few)

평상시에 '생각'하고 '일'하는 방식에 이러한 핵심요소들이 녹아든 상태
에서 완벽하게 일처리할 때 '6시그마적'이라고 할 수 있다.

"특히 생각하는 방식에서는 '쪼개고 좁히는 과정'을 반복하는
사고 패턴을 기본원리로 삼고 있다네.
먼저 잘게 쪼개고(분석, 층별, 구체화 등의 표현을 씀),
그중에서 핵심인자(Vital Few, Critical Few로 표현됨)로
좁혀가는 구조적 사고(Logical Thinking) 패턴 말이야.
사실 이 사고 패턴은 6시그마만의 것이 아니라 이 세상의 모든
문제해결 방법론과 통하지만 6시그마가 가장 잘 써먹은 셈이지.
그래서 이런 사고 패턴을 '6시그마사고(Six Sigma Thinking)'라
고 한다네."

'NC3'를 아시나요

6시그마가 기업문화로 체질화되려면 6시그마 프로젝트뿐만 아니라 일상업무에서 6시그마적 사고와 일처리가 필요하다. 그러나 그냥 되지는 않는다. 누구나 쉽게 적용할 수 있게 방법이 간단해야 하며, 의도적인 훈련을 통해서 가능하다. 이러한 목적에서 개발한 6시그마 사고모델이 'NC3'이다.

Need   요구사항, 목적을 하나의 짧은 문장으로 정의한다.
"이것을 해야 한다. 이것을 할 필요가 있다."

CTS(Critical to Satisfaction)
상대방(고객) 입장에서 만족 상태를 생각한다. CTS를 모르면 목표를 잡을 수 없고 실행계획을 세울 수 없다.
"상대방을 어떻게 만족시킬까?, 성공하면 이럴 것이다."

CTQ(Critical to Quality)
만족 상태를 객관적으로 측정할 지표를 생각한다.
"객관적으로 어떻게 판단할까?"

Critical **X**   CTQ 달성에 가장 중요한 소수의 핵심요소가 무엇인지 생각한다. Vital few를 찾는다.

NC3의 구성요소를 보면, 앞서 살펴본 6시그마적인 핵심요소 네 가지를 순차적으로 전개하고 있다. 일을 시작할 때 고객 관점에서 생각하고 성공했을 때의 모습을 미리 그려봄으로써 일의 목표와 활동 방향을 잡을 수 있다. 그 다음, 일의 성과를 객관적으로 판단할 지표를 정함으로써 데이터에 따른 의사결정을 할 수 있게 해준다. 물론 실행도 사소한 다수보다는 소수의 핵심에 집중하게 한다.

위 사례는 유인우주선 달 착륙 작전을 알리는 연설문을 NC3 개념으로 정리한 것이다. 아무리 복잡하고 거대한 프로젝트라도 핵심내용이 있기 마련인데 그것을 짚어내면 내용을 간단명료하게 전달하고, 상대방도 쉽게 이해한다.

▼ 전통적인 사고모델   ▼ 6시그마 사고모델

이처럼 회사에서 기획, 보고 등 일상업무에 NC3 사고모델을 적용하면 의사소통이 신속하고 명확하게 이루어지며, 어떠한 '요구사항'과 그것으로 말미암은 일의 '결과' 일치 확률이 높아진다. 사전검토 없이 막무가내로 실행함으로써 일의 결과를 장담할 수 없던 전통적 사고 방식의 문제를 극복하는 셈이다.

NC3 적용 사례

:: 상황

회사의 생산성을 높이려면 생산에 참여하는 인적자원의 건강 확보가 절실하다. 하지만 한창 일할 나이인 30대는 간, 40대는 위장 관련 질환이 증가한다. 회사에서는 두 가지 질환 발생률을 낮추어 생산활동에 전념할 수 있기를 바라는 차원에서, 어떻게 하면 이 문제를 해결할지 관계부서에 검토를 지시하였다.

위 상황을 NC3 사고모델에 맞춰 정리하면,

:: NC3 보고서

Need 30대와 40대의 질환 발생률 저감 대책 필요.

CTS 30대와 40대의 질환 발생 저감으로 생산활동에 왕성하게 참여한다.

CTQ 1. 30대 간 질환 발생 수(50% 축소)
2. 40대 위 질환 발생 수(50% 축소)

Critical 'X' 1. 30대 간 질환 발생 수
- 육식 섭취량 축소
- 음주량 축소
2. 40대 위 질환 발생 수
- 흡연량 축소
- 음주량 축소

NC3 모델을 잘 이용하면 6시그마적 사고와 일처리 외에 여러 가지 파생효과도 얻을 수 있다. 대표적으로 NC3를 보고서 형식으로 활용할 때인데 일명 'NC3 보고서'라고 한다. 단, NC3 보고서에 따른 효과를 얻으려면 처음에 조금 강제적인 제도로 시행할 필요가 있다.

One point lesson

:: 'NC3 보고서'의 파생 효과

- 문서의 양이 획기적으로 줄어든다.
- 가치 없는 일이 저절로 사라진다.
- 불필요한 보고 건수가 줄어든다.
- 보고 받는 사람의 질문이 줄어든다.
- 일을 정량화함에 따라 많은 개선 기회가 드러난다.

"파생효과를 보니 문서작성이 많은 사무간접부문 직원들이 좋아하겠네요?"

"좋아하다 마다. 하지만 처음에는 매우 힘들어 한다네. 특히 일을 계량화하는 데 소홀했던 점이 CTQ를 정하는 데 어려움을 겪게 만든다네. 보고 건수가 줄어드는 이유이기도 하지. 그러나 점점 익숙해지면 분명히 일 잘하는 사람으로 인정받을 걸세. 자네도 꼭 해보게."

산포로 보고 산포로 말하자

6시그마적 기업문화로 체질을 개선하려면 반드시 알아야 할 핵심 개념이 또 하나 있다. 다름 아닌 '산포'이다. 산포는 우리가 반복해서 행하는 모든 일 또는 프로세스에 필연적으로 발생하는 것으로, 작으면 작을수록 좋다.

예를 들어 매일 아침 8시에 맞춰 출근하기로 마음먹었다고 치자.

다행히 8시 정각에 도착하는 날도 있지만 대부분은 크고 작은 차이를 나타낸다. 어떤 날은 교통체증이 심해 30분 늦을 수 있고, 어떤 날은 이유도 모른 채 10분이나 일찍 도착할 수도 있다. 이런 차이를 다 모아 놓은 것이 산포인데, 정각 8시를 중심으로 그 차이가 작으면 작을수록 '시계추처럼 정확하고 성실한 사람'이라는 평을 받게 된다.

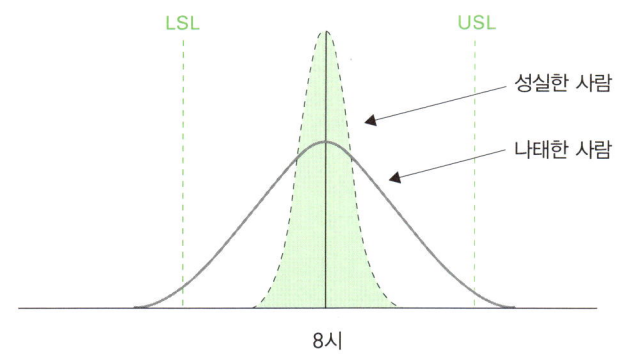

이렇듯 산포는 우리 주변에 널려 있지만 일상생활 또는 업무에서 산포로 보고 말하는 사람은 정작 많지 않다. 6시그마를 몇 년 했더라도 마찬가지다. 대부분이 프로젝트를 위한 통계수치로만 인식할 뿐…

오늘은 예상하지 못한 일로 8시 50분에 출근했다. 이를 본 A, B선배가 다음과 같이 말했다면

도대체 지금 몇 시야? 빠져 가지고 말이야.

자네 출근시간을 쭉 체크해 봤는데 시간 차이가 20분 이상 큰 것 같아. 앞으로는 8시를 목표로 차이를 점점 줄여보게.

여러분은 A와 B선배 중에서 누구의 말에 더 익숙한가?

아마 A선배일 것이다. 그럴 때마다 "일찍 오면 아무 소리 안 하더니 늦을 때만 야단이야!"라고 투덜거리기 일쑤다. 반면에 B선배처럼 말하면 어떤가? 그동안 막연하게 생각했던 자신의 문제가 뭔지 명확하게 알 수 있고 얼마만큼 줄여야 할지 개선목표를 세울 수 있다. 같은 말이지만 얼마나 고맙겠는가. 단지 산포를 보고 말했을 뿐인데…

:: 리더가 솔선수범하라

산포의 개념이 일상업무에 녹아들려면 무엇보다 리더의 역할이 중요하다. 일을 지시하고 평가하는 리더가 먼저 데이터를 통해 산포를 알고, 올바른 질문을 계속하면 직원들도 산포로 대답하기 시작한다.

:: 수시로 다양한 경로로 훈련하라

리더의 솔선수범과 더불어 직원들에게는 적절한 훈련이 필요하다. 변화를 본능적으로 싫어하는 사람들이 대부분인 만큼 그냥 내버려두면 산포를 생각하지 않는다. 따라서 수시로 다양한 경로를 통해 산포의 의미를 접하게 하고, 산포를 모르면 자유롭지 못하다는 현실을 느끼게 해야 한다.

- 프로젝트를 통해 산포를 경험하는 것이 가장 좋은 방법이다.
  많은 사람을 프로젝트에 참여시켜라.
- 업무회의 같은 공적 자리에서 산포에 관한 진지한 질문을 하라.
  산포로 답을 한다.
- 술자리 같은 사적인 자리에서는 산포와 관련된 농담을 하는 것도 좋다.
  쉽고 즐겁게 산포를 알 수 있다.
- 무엇이든 데이터와 수치로 바꾸는 훈련을 시켜라.
  데이터가 없으면 산포도 없기 때문이다.

∷ 6시그마 용어를 공통 커뮤니케이션 도구로 활용하라

6시그마는 이제 더는 어렵고 복잡한 것이 되어서는 안 된다. 누구나 부담 없이 접근하여 배우기 쉽고, 일상업무에 적용하기 쉬워야 한다. 그러려면 쉽고 단순한 방법이 필요한데, 6시그마에서 사용하는 주요 용어를 자주 사용하는 방법도 괜찮다.

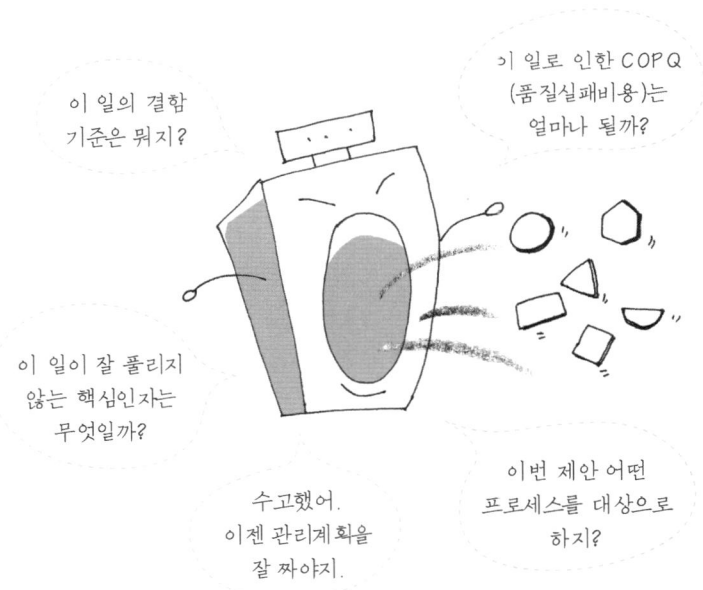

이렇듯 6시그마 용어를 회사 내에서 하나의 공통 커뮤니케이션 도구로 만들어가면 전 직원이 똑같은 말과 생각을 하게 되고, 은연중에 6시그마 문화에 동화될 것이다.

:: 쌍두마차로 달려야 성공

지금까지 기업문화를 바꾸는 6시그마적인 이야기를 했다. 6시그마로 성공하려는 기업에게 정답은 아니더라도 해답은 되리라고 믿는다. 그러나 프로젝트를 통한 가치 창출 또한 무시할 수는 없다. 현세는 '돈이 최고!'라는 사실을 거역할 수 없기 때문이다.

따라서 '6시그마적인 기업체질 개선'과 함께 '프로젝트를 통한 새로운 가치창출'이라는 쌍두마차로 달려야 한다. 그리고 두 마리 말이 조화를 이루어야 한다. 어느 한쪽으로 쏠리면 방향을 잃고 우왕좌왕하다가 중도에 포기할 수 있기 때문이다.

03 — 현장에서도 전통적인
6시그마 방법론이 통할까

김 반장!
요즈음 얼굴이
반쪽이네요.

일도 바쁜데
6시그마 프로젝트
하느라 정신이…

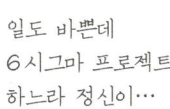

아니, 프로젝트가
그렇게 부담되나요?

그냥 개선하라면
잘 하겠는데,
왠 절차가 이리
복잡한지 할 때마다
힘드네요.

사실 나도 어려움을 느끼는데
김 반장이야 오죽하겠어요.

현장! 좀 쉽게 할 수 있는 방법이
없을까요?

시사점

▶▶ QSS는 전통적인 6시그마의 허전함을 채워주려고 태어났다.

▶▶ QSS는 전 직원이 참여하는 '현장 맞춤형' 개선활동이다.

전통을 깨면 현장은 쉬워진다

6시그마를 추진하다 보면 전통적 방법론에 회의를 느낄 때가 온다. 특히 현장까지 6시그마 영역을 확산하고 나면 회의감은 불만으로 표출되는데, 거의 모든 기업이 공통적으로 경험하는 문제이다.

이 문제를 어떻게 해결할까? 6시그마 사무국은 고민스럽다. 그래서 "현장 개선활동 잘한다"고 소문난 다른 회사 정문을 기웃거리기도 하고 MBB, BB들을 모아 거창한 토론회를 열기도 한다.

하지만 해결책은 의외로 간단하다. 이른바 전통을 과감하게 깨면 된다. 물론 전통이 워낙 견고하여 쉽게 깨지는 않겠지만…

현장에서 느끼는 전통적인 6시그마

:: 현장과 거리감이 있다

현장 개선활동은 야전(野戰)이다. 언제, 어
디서 쏟아질지 모르는 크고 작은 결함에 대
비하고, 돌발적인 공정변화에 신속하게 대
응해야 한다. 그런데 전통적인 프로세스는 너무
복잡하고 시간이 오래 걸린다.

:: 추진방법이 어렵다

전통적인 6시그마는 데이터에 의한 통계분
석을 주요 수단으로 삼는다. 전문적인 교육을
받은 BB, GB들도 이 점을 어려워하는데 현장
직원들은 오죽하겠는가?

:: 형식적이다

현장의 소리를 들어보면 "그냥 개선하라면 하겠는데 프로젝트 하라면
못하겠다"는 말을 자주 한다. 전통적인 6시그마가 합리적이고 과학적인
방법론임에는 틀림없지만 현장과는 거리감이 있는 모양이다. 그런데도 전
통만 고집하면 개선보다 프로젝트 꾸미기에 더 열중하는 꼴이 된다.

'Quick Six Sigma' 더는 에피소드가 아니다

전통적인 DMAIC 프로젝트는 6시그마 전문교육을 받는 BB와 GB에 맞춘 프로세스이다. 주로 전략과 연계한 고질적인 문제를 대상으로 하며, 3~6개월 동안 전력투구할 수 있게 세부적인 절차와 기법을 제공한다.

이런 점에서, 전통적인 6시그마 방법론은 현장 직원들에게 잘 맞지 않다. 현장 직원들은 회사 전략보다는 자신이 속한 공정의 현실적인 문제에 관심이 더 있고 그것을 빨리 해결하기를 원할 뿐이다. 또한 항상 바쁘다. 컴퓨터 자판 두드릴 시간조차 없는데 DMAIC 추진단계를 하나 하나 챙길 여유가 있겠는가. 뿐만 아니라 어려운 통계기법을 자유자재로 쓸 만큼 충분한 교육훈련도 못 받는다.

그렇다고 회사 구성원 대부분을 차지하는 현장 직원을 아웃사이더로 방치할 수도 없는 노릇이다. 그들이 개선활동에 참여하지 않으면 전 직원이 참여하는 진정한 의미의 경영혁신은 불가능하고, 기업의 경쟁력 확보 또한 요원하기 때문이다.

QSS는 이렇게 전통적인 6시그마가 안고 있는 허전함을 채워주려고 숙명적으로 태어났다. 그리고 더는 미룰 수 없는 필연이 되고 말았다.

Quick Six Sigma란

:: **:: 전통적인 6시그마와 QSS 비교**

구분	전통 6시그마	Quick Six Sigma
주요 목표	전략과 연계한 가치 창출	일상업무 중 낭비 제거
관심 대상	프로세스 변동(quality)	프로세스 낭비(speed)
참여 인원	전문교육을 받은 BB, GB	전 직원
개선 주기	주기적(wave)	지속적(즉시)
수행 기간	3~6개월	3개월 이내
추진 절차	DMAIC, DMADV	DC, DIC, DMC
주요 특성	치밀하다, 복잡하다	빠르다, 단순하다

"QSS는 프로세스를 통계적 관리상태로 이르게 할 수 없고, 전통적 6시그마는 프로세스 스피드를 획기적으로 개선할 수 없다."

전통적인 6시그마가 전문의의 힘을 빌어 고질적인 병증을 치료하는 것이라면, QSS는 지속적인 운동과 즉각적인 건강요법을 통해 체질을 개선하는 것과 같다.

∷ QSS의 실체

QSS는 새롭게 창조된 것이 아니라 현장 개선활동에 맞게 재구성한 것이다. 즉 전 직원이, 크고 작은 문제를, 쉬운 방법으로, 지속적으로 해결하기 위한 '현장 맞춤형 개선활동 프로세스'이다.

주로 전통적 6시그마 프로세스 가운데 현장에 어울리지 않는 요소를 배제하고, 일상업무의 낭비를 철저하게 제거하자는 TPS(도요타 생산방식) 사상이 녹아든 형태가 주류를 이룬다.

∷ QSS 추진 절차

QSS의 핵심은 스피드이다. 스피드는 제도적인 측면에서 '유연성'이 뒷받침되어야 한다. 전통적인 DMAIC에서 설명 가능한 단계가 있으면 과감하게 생략할 수 있어야 하며, 이를 탓하지 않는 분위기가 중요하다. 그렇다면 DC든 DIC든 상관없이 회사에 맞게 추진 절차를 실행하면 된다.

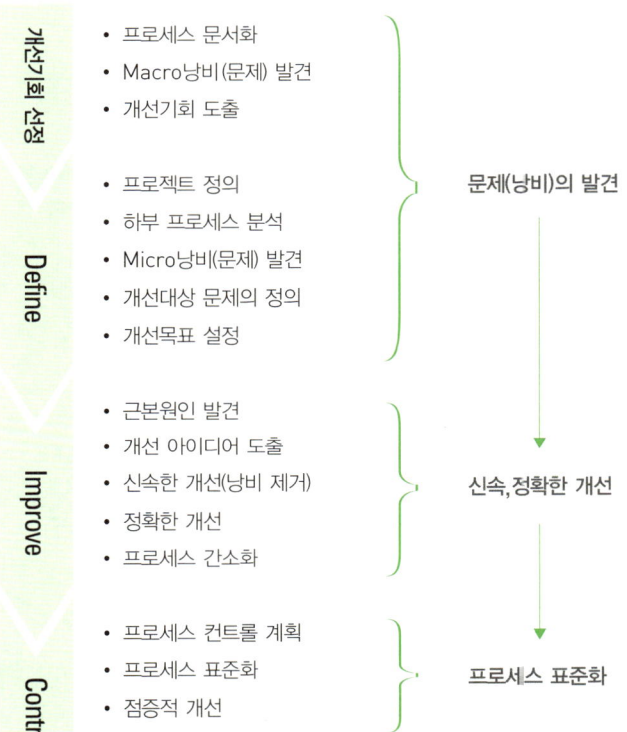

개선기회 선정
- 프로세스 문서화
- Macro낭비(문제) 발견
- 개선기회 도출

Define
- 프로젝트 정의
- 하부 프로세스 분석
- Micro낭비(문제) 발견
- 개선대상 문제의 정의
- 개선목표 설정

문제(낭비)의 발견

Improve
- 근본원인 발견
- 개선 아이디어 도출
- 신속한 개선(낭비 제거)
- 정확한 개선
- 프로세스 간소화

신속, 정확한 개선

Control
- 프로세스 컨트롤 계획
- 프로세스 표준화
- 점증적 개선

프로세스 표준화

‖‖‖ "QSS는 문제(낭비) 발견이 열쇠이며, 발견한 문제를 신속하고 정확하게 개선하여 프로세스를 컨트롤하는 절차이다."

"QSS! 그나마 현장에 잘 맞는 개선방법 같군요.
그동안 DMAIC에 끼워 맞춘다고 고생했는데
이제 QSS만 열심히 하면 되겠군요."

"하지만 현장에 잘 맞는다고 '무조건 QSS만으로 해결한다는
생각'은 버려야 합니다. 왜냐하면 우리가 안고 있는 문제 가운데
전통적인 방법이 필요한 것도 많기 때문이지요. 또한 '무조건
빨리 한다는 생각'도 경계해야 합니다. 잘못하면 대충주의로
빠질 우려가 있거든요. 즉, QSS 성격에 맞는 문제를 잘 골라서
'올바르게 빨리' 개선한다는 생각이 중요합니다."

"올바르게 빨리요?
그 말 들으니 QSS도 만만한 게 아닌 것 같은데요..."

One point lesson

:: **QSS 성격에 맞는 문제란?**

통상적으로, 다섯 가지 질문에 'Yes'라고 대답할 수 있으면 QSS대상이
된다. 이 중에 한 가지라도 'No'라면 전통적인 6시그마 방법이나 제안
등의 자주관리활동으로 해결하면 된다.

- 현재 프로세스를 그릴 수 있는가?　　→　Yes
- 3개월 이내에 개선할 수 있는가?　　→　Yes
- 문제를 명확하게 정의할 수 있는가?　　→　Yes
- 해결방향을 어느 정도 알고 있는가?　　→　Yes
- 기술적인 문제는 아닌가?　　→　Yes

:: 과제 정의서

과제명_ In Line Roll Pipe 이송불량 정지시간 감소

과제선정 배경	개선대상 프로세스
• In Line 작업과정에서 Pipe 걸림 발생으로 이송이 되지 않아 2000톤 Press 정지시간이 과다하게 발생됨. → 월 7.2Hr → 목표 Zero • Pipe 걸림으로 이상 조치 시 4명이 과다 투입되어 개선이 시급하여 본 과제를 선정함.	• In Line Roll Pipe 이송 프로세스 – 시작: Pipe 이송 (Conveyor) 　→ Shot 작업(Shot Machine) 　→ 적치(반출대) – 끝: 교정(테이블) – 제외 프로세스: In Line 교정작업

추진일정	팀 구성
06.2/1　　2/15　　3/E　　4/30	공장장　ㅇㅇ
Define / Improve / Control	과제리더　ㅇㅇ
	지도BB　ㅇㅇ
	팀원　ㅇㅇ, ㅇㅇㅇ, ㅇㅇㅇ, ㅇㅇㅇ

:: 문제 정의서

D(정의)　**I**(개선)　**C**(관리)

In Line Roll Pipe 이송불량 프로세스

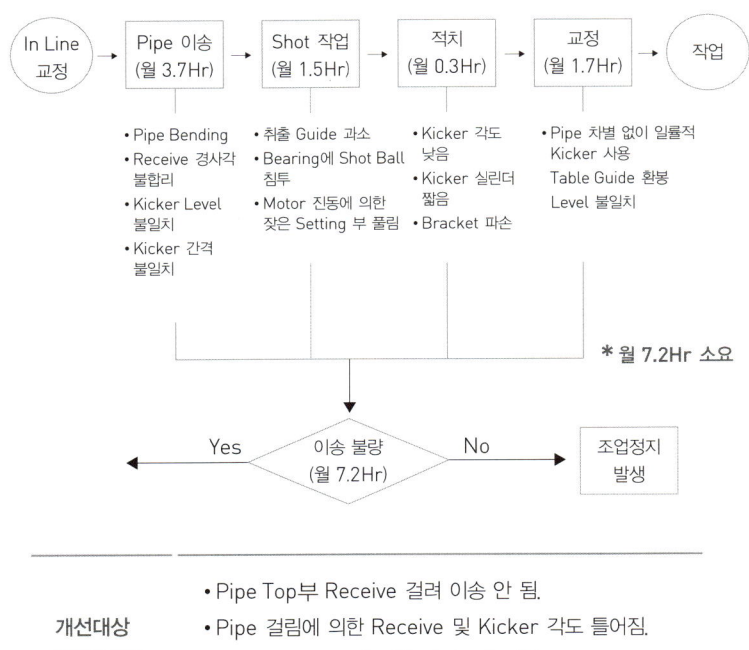

In Line
교정

Pipe 이송
(월 3.7Hr)
- Pipe Bending
- Receive 경사각 불합리
- Kicker Level 불일치
- Kicker 간격 불일치

Shot 작업
(월 1.5Hr)
- 취출 Guide 과소
- Bearing에 Shot Ball 침투
- Motor 진동에 의한 잦은 Setting 부 풀림

적치
(월 0.3Hr)
- Kicker 각도 낮음
- Kicker 실린더 짧음
- Bracket 파손

교정
(월 1.7Hr)
- Pipe 차별 없이 일률적 Kicker 사용
  Table Guide 환봉 Level 불일치

작업

* 월 7.2Hr 소요

Yes ← 이송 불량 (월 7.2Hr) → No → 조업정지 발생

개선대상 문제(낭비)	• Pipe Top부 Receive 걸려 이송 안 됨. • Pipe 걸림에 의한 Receive 및 Kicker 각도 틀어짐. • Shot Machine 내 반출 가이드에 걸림. • Pipe 이송 간격이 균일하지 않아 교정 Kicker 걸림.

:: 목표 정의서

CTQ Score Card

CTQ	단위	현수준	목표	증감
In Line Roll Pipe 이송불량 정지시간	Hr/ 월	7.2	0	▽100%

*파악기간: 05년 09 ~ 12월   *Data출처: 작업일지 Pipe 이송불량 시간

목표설정 근거

생산량 목표 ○○톤/월을 달성하기 위해서는 In Line Roll측으로 Pipe 이송 시 정지시간을 줄여야 함. 이에 조업 정지시간 'Zero'를 목표로 설정함.

예상효과

□ 예상 재무성과

• 유형효과: Press고정비(~백만 원/톤) × 작업률(~) × 증산량(~톤/월)
            × 12월 = ~ 백만 원/년

• 무형효과: 안전사고 예방
            제품 눌림에 의한 Dent 발생 감소
            안정적 조업으로 Billet 편열 방지 편육 발생 감소
            Reject 발생 감소로 전력비용 절감

::: 개선 내용

D(정의) **I**(개선) **C**(관리)

개선항목	개선 내용	담당	추진기간	효과
Shot M/C 취출구 걸림 개선	취출구 입구 측으로 Pipe 유도 Guide 설치	○○○ ○○○	06/02/20~ 06/04/05	Shot M/C Pipe 걸림으로 인한 이송불량 시간 제거(월 1.5/Hr)

▲ 개선 전
(Pipe 끝단부 걸림)

▲ 개선 후
(유도 Guide 설치)

:: 성과 파악

CTQ Score Card

CTQ	단위	현수준	목표	실적	목표 대 실적
In Line Roll Pipe 이송불량 정지시간	Hr/ 월	7.2	0	1.5	79%

*파악기간: 06년 04월 1일 ~ 04월 30일　　*Data출처: 작업일지, CS-net

개선요약

- Kicker 간격 과다로 Kicker 추가제작 부착
- Receive 경사각 불합리로 Cylinder 걸림 개선
- Shot M/C 내부 취출측 Guide 제작
- Cooling Bed 끝부 단(Step)제거

개선효과

- 유형효과: Press고정비(~백만 원/톤) × 작업률(~) × 증산량(~톤/월)

　　　　　　 × 12월 = ~ 백만원/년

- 무형효과: 안전사고 예방

　　　　　　 제품 눌림에 의한 Dent 발생 감소

　　　　　　 안정적 조업으로 Billet 편열 방지 편육 발생 감소

　　　　　　 Reject 발생 감소로 전력비용 절감

:: 사후관리계획

낭비명	관리대상	관리방법	주기	재조치 계획	담당자	관련 표준
In Line Kicker 걸림	Kicker 추가 설치 이탈 여부	목시 점검	매월 정기수리	확인	○○○	WC-131-020-090
Receive 걸림	Receive Cylinder 내 삽입한 Pipe	마모 및 훼손 여부 확인	매주 3근 금요일	점검 확인 실시	○○○	〃
Kicker Level 불일치	Kicker Level 이탈 여부	목시 점검 Center 확인	매월 1일, 15일 2근	이상시 조정	○○○	〃
Shot M/C 취출구 걸림	유도 Guide Bolt 풀림 여부	Cover 취외 후 목시 확인	매월 정기수리	Bolt 체결	○○○	〃

QSS는 스피드가 중요하다고 했다. 스피드는 그냥 만들어지지 않는다. 프로세스가 '단순화, 표준화, 안정화'될 때 가능하다. 따라서 회사 실정에 맞는 QSS 프로세스 구축이 열쇠이다.

QSS는 독야청청하지 않는다

그동안 전통이라는 명분 아래 고통받아 온 현장 직원들은 과거 '자주 관리활동'에 향수가 짙게 남아 있었다. 분임조, 제안이라는 형태로 현장의 다양한 문제를 해결하면서 성취감을 느꼈던 적이 그리웠다.

그런 와중에 등장한 QSS는 더없이 반갑고 고마운 존재이다. DMAIC라는 틀에 얽매이지 않아도 되며, 복잡하고 어려운 통계기법을 꼭 쓰지 않아도 되기 때문이다.

그러나 이러한 해방감을 경계해야 한다. 잘못하면 6시그마를 통해 얻은 그동안의 성과를 한꺼번에 무너뜨릴 수도 있기 때문이다. 예를 들면, "QSS가 도래했으니 전통적인 6시그마는 더는 하지 않아도 된다."는 식의 분위기가 팽배하여 '산포를 보는 눈', '데이터에 다른 의사결정', 'Critical Few 사고' 등 그동안 6시그마로 쌓아온 새로운 패러다임을 퇴색시킬 수 있다. 심지어 6시그마 전체를 외면할 수도 있다.

따라서 QSS를 시작할 때 전통적인 6시그마와 동떨어진 활동으로 오해하면 안 된다. 추진 형태가 TPS 또는 자주관리활동과 비슷하지만 그 뿌리는 6시그마 토양에 있음을 잊지 말아야 한다. 그렇지 않으면 QSS는 실패한다. TPS가 좋다고 따라 하지만 대부분의 기업이 실패하고 마는 경우와 마찬가지다.

　또한 QSS는 전통적인 6시그마로 메울 수 없었던 작은 공간들을 채움으로써 6시그마 활동 전체를 더욱 튼튼하게 만드는 역할을 한다.

　마치 돌담을 쌓는 것과 같다. 큰돌만으로는 튼튼한 담을 만들 수 없다. 작은 돌만으로도 어렵다. 큰돌 사이 공간을 작은돌이 빈틈없이 채울 때 비바람에 허물어지지 않는 튼튼한 돌담이 된다. 전통적인 6시그마가 큰돌이라면 QSS가 바로 작은돌인 셈이다. 이 점을 반드시 기억하라.

6시그마에서 '사무간접부문'은 변방이 아니다

창 과장! 상반기 프로젝트는 잘 찾았나요?

어휴… 몇 년 하고 나니 더 나올 것이 없어 고민 중입니다.

아니! 인사부도 1인당 3건씩 프로젝트를 한다는데 무슨 소리에요.

무슨 말입니까? 작년까지만 해도 이 시기만 되면 인사부 박 과장 얼굴이 누렇게 변하던데요.

요즘은 희색만면하던데, 가서 그 비결을 알아보게.

시사점

▶▶ 업무를 시각화하면 사무간접부문도 개선기회가 무궁무진하다.

▶▶ 사무간접부문은 QSS가 제격이다. 낭비를 찾아서 빨리 개선하라.

사무간접부문, 선택이 아니라 필수

개선활동을 생산부문의 전유물로 생각하는 사람이 많다. 사무간접부문 사람들 가운데 '나는 개선활동과 전혀 관계없다'고 착각하는 사람이 있다. 이런 증상이 가장 심한 경우는 '인사', '기획' 등 뭔가 비밀스럽고 중요한 일을 한다고 스스로 믿는 사람들이다.

하지만 낭비 측면에서 볼 때 생산부문에 결코 뒤지지 않는다. 오히려 경영활동에서 발생하는 품질실패비용(COPQ)을 생산부문과 사무간접부문으로 나누어 볼 때 70% 이상을 사무간접부문에서 발생시킴을 주지할 필요가 있다.

그러므로 사무간접부문의 개선활동 참여는 선택이 아니라 필수이다. 사무간접부문에서 발생시키는 품질실패비용을 최대한 회수하는 것이 원가경쟁력을 높이는 지름길이며, 전원 참여하는 개선문화 정착을 위해서도 사무간접부문의 동참이 없으면 불가능하다.

사무간접부문이 6시그마를 어려워하는 이유

:: 통계적 접근이 어렵다

사무간접부문은 제조부문과 달리 통계적 접근이 쉽지 않다. 기초자료인 데이터를 충분히 확보해야 하는데 업무 특성상 용이하지 않다. Y(결과)에 관한 데이터 수집도 어려운데 x(원인)는 오죽하겠는가. 그러다 보니 통계적 접근의 백미인 $Y=f(x)$에 대한 통계 결론은 열망으로 남기 일쑤다.

따라서 사무간접부문에서 통계적 접근을 시도할 때는 신중해야 한다. 데이터 수집에 투입되는 노력, 비용, 시간만큼 충분한 가치가 없다면 과감하게 포기할 줄 알아야 한다. 그렇지 않고 계속 고집하면 금방 "형식적이다", "끼워 맞춘다"는 소리를 듣다가 "사무간접부군이 꼭 6시그마 해야 되냐?"라는 질문을 받기 십상이다.

"사무간접부문에 해당하는 어떤 공공기관에서는 통계를 아예 쓰지 않기로 했다는 말을 들었다네."

"그래도 6시그마인데 좀…"

"6시그마의 목적과 수단을 잘 알고 결정했다면 차라리 현명한 판단이 아닐까? 되지도 않는 통계를 고집하느라 낭비를 발생시키는 것보다는…"

:: 프로젝트 정하기 어렵다

사무간접부문에서 6시그마가 힘든 또 다른 이유는 프로젝트 정하기가 어렵다는 점이다. 업무 특성상 6시그마 프로젝트다운 개선기회를 발견하기는 하늘에 별 따기만큼 어렵다.

그러다 보니 현재 자신이 수행하는 업무와 무관하거나 별로 절실하지 않은 문제를 프로젝트로 정하기 일쑤다. 즉 '업무 따로 6시그마 따로!'가 되는 셈이다. 그 결과는 뻔하다. 발등에 떨어진 일상업무, 상대적으로 더 절박한 업무를 처리하느라 프로젝트는 항상 밀린다. 겨우 추진일정 맞추기에 급급하고, 프로젝트를 완료하더라도 성취감을 얻지 못한다.

이러한 문제를 극복하려면, 다양한 경로를 통해 개선기회를 발견하고, 사무간접부문 프로젝트에서는 전통적인 프로세스를 따르지 않더라도 질책하거나 평가 보상에 불리하지 않게 제도적인 유연성을 발휘해야 한다.

:: **사무간접부문 프로젝트 발견을 위한 Tip**

- 데이터 관리를 통해 업무를 계량화하라.
- 프로세스 분석을 통해 업무를 시각화하라.
- 사무간접부문에도 낭비가 존재한다. 찾아서 제거하라.
- 기획업무가 많은 부서는 DMAIC 외에 DMADV(DFSS)를 적극적으로 활용하라.

사무간접부문도 QSS가 제격

"생산현장처럼 사무간접부문도 QSS가 가능한가요?"

"물론이야. 프로세스가 있고 그 안에 낭비가 있다면 어떤 분야든지 가능하다네."

"생산은 7대 낭비가 있는데 사무간접부문은 그런 게 없잖아요?"

"모르는 소리, 사무간접부문에서도 7대 낭비를 정의할 수 있다네."

'**과잉생산**'의 낭비는 불필요한 프린트를 한다든지 보고서를 지나치게 많이 작성하는 일들이 해당되며, '**운반**'의 낭비는 파일박스를 보관하려고 운반한다든지 문서를 출력하여 문서 수발로 보내는 등의 일로서 업무성과나 서비스에 영향을 주지 않는 이동을 말한다. '**동작**'의 낭비는 사무실 책상이나 물품 배치가 잘못되어 불필요하게 움직이거나 일에 집중하지 못하고 이리저리 서성대는 행동 등이 해당된다. '**대기**'의 낭비에 해당하는 대표적 사례는 결재권자가 결재할 때까지 기다리는 시간을 들 수 있으며, 지나치게 많은 필기구를 책상 서랍에 보유하는 현상이 '**재고**'의 낭비이다. '**처리**'의 낭비는 부가가치 없는 절차를 거치느라 시간이 많이 걸리거나 문서를 멋지게 보이기 위해 과도한 내용과 그래프로 꾸미느라 리드타임이 길어지고 업무의 효율성이 떨어지는 현상이 해당된다. 마지막으로 '**수정**'의 낭비는 전표 또는 계약서를 잘못 작성하여 재작업을 반복하는 경우를 말한다.

이처럼 7대 낭비 측면에서만 보더라도 일상업두 가운데 개선할 거리가 널려 있음을 알 수 있다. 어쩌면 생산 라인보다 더 많은 낭비가 책상 서랍에 꼭꼭 숨어 있을지 모른다.

그래서 사무간접부문도 QSS 개선활동이 제격이다. 낭비를 보고 찾는 기술을 통해 많은 개선기회를 찾을 수 있고, 복잡한 통계기법과 DMAIC 프로세스를 따르지 않더라도 일상업무에서 절박한 문제를 쉽고 간단하게 개선함으로써 업무의 질과 효율성, 사무생산성을 높일 수 있다.

포스코특수강은 사무간접부문의 개선활동 모델로 QSS를 적극 권장한다. 전통적인 6시그마를 따르는 데서 야기되는 문제를 어느 정도 해결할 수 있으며, 아웃사이더에서 눈치만 보던 직원들을 개선활동에 참여시킬 수 있기 때문이다.

:: 사무간접부문 QSS 핵심은 업무 시각화

QSS 문제해결 프로세스는 생산부문과 다르지 않다. 차이라면 '과제 도출' 단계에 좀더 집중하는 정도이다. 생산 QSS는 정형화된 프로세스가 있어 개선기회를 쉽게 찾을 수 있지만, 사무간접부문은 그렇지 못하다. 프로세스가 정형화되지 않은 업무가 많고, 문제도 눈에 잘 띄지 않기 때문에 개선기회를 찾기 어렵다.

과제 도출 ▷ Define ▷ Improve ▷ Control

따라서 사무간접부문 QSS는 업무를 시각화하여 개선기회 발견이 핵심이다. 주로 프로세스 분석과 문서화를 통해 이루어진다.

포스코특수강의 경우 팀 단위로 운영하는 '표준'을 근거로 업무를 시각화한다. 전체 팀원이 참여하는 토론회를 수시로 열어 문제를 구체화하고 과제를 찾아낸다. 작업 순서는 다음과 같다.

▶ ○○○ **업무표준**

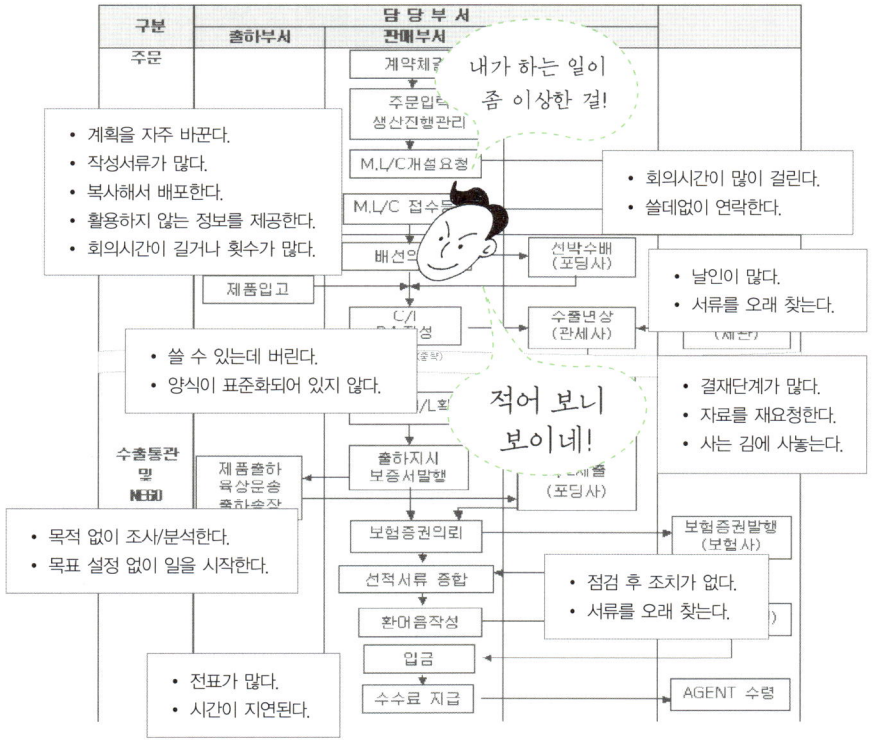

① 표준에 있는 업무 프로세스(업무 Flow)를 전지에 그린다.

"있는 그대로!"

② 먼저 전체 프로세스를 조망하고 프로세스별로 문제를 기술한다.

"여유를 가지고!"

③ 도출된 문제를 기술하고 개선기회를 평가한다.

'Time, Cost, 기대치 차이, 부가가치'

④ 개선기회를 토대로 QSS 과제를 도출한다.

프로세스 (과업)	개선기회 평가				문제점(낭비요소) 기술	잠재적 Small y	QSS 판정	담당자
	Time	Cost	기대치 차이	부가 가치				
안전활동 평가	○		○		• 평가 소요기간이 너무 길다. • 평가점수가 65점으로 낮다 • 평가에 누락된 항목이 있는 등 전반적인 검토가 필요하다.	• 안전활동 평가 프로세스 개선 • 안전활동평가 소요시간 단축	●	○○○
안전교육	○		○		• 안전교육에 직원들의 참여가 부족하여 교육이 지루하고 교육 효과가 낮다.	• 직원 참여 안전교육 개발	●	ㄴㄴㄴ
− − −					− − −			
건강진단	○			○	• 건강진단 결과를 받아보는 데 30일 이상 걸린다. • 결과표를 정리한다. • 결과표 전달작업에 시간이 많이 걸린다.	• 건강진단결과 확인시간 단축	●	○○○
직업환경 측정	○			○	• 고철 절단 작업장이 마지막 법정 초과개소이다.	• 고철 절단 작업장 분진 노출량 감소	GB	ㅎㅎㅎ
− − −					− − −			

:: **사무간접부문 개선기회 평가 기준**

Time	병목, 재작업, 대기 등 낭비요인을 개선하여 시간을 단축할 수 있는가?
Cost	프로세스의 비효율성을 제거하여 비용을 절감할 수 있는가?
기대치 차이	현재 프로세스 성과와 고객/비즈니스의 기대치 간에 차이를 개선할 수 있는가?
부가가치	프로세스 내에 존재하는 비 부가가치 활동을 파악하여 제거할 수 있는가?

"인사부 박 과장 얼굴이 환한 이유를 이젠 알겠지?"

"QSS가 효자였군요."

"QSS 덕을 톡톡히 본 셈이지.
그동안 '6시그마답지 못하다'는 이유로 외면당했던
일상적인 문제가 6시그마 법주에 포함됨에 따라
개선기회가 많아졌고, 쉽고 간단한 QSS 로드맵 덕분에
더는 6시그마를 두려워하지 않게 되었다더군."

출퇴근 타임카드
당직
급여 봉투
안전 순찰
계약, 입찰방문
일일 업무일지
계약 보증금
직인 날인
일일 검수

문서 보관제도
정산 서류
협조전
방문 납부
서면 등록
국내원료구매 계약서
종이 제안
법인카드 전표처리
입찰보증금
지체상금
종이세금계산서
종이보증서
1시간 이상 회의

일상감사
회계전표 승인
피복/안전용품 지급
경조사 증빙서류
연말정산 공제서류
출장여비 신청절차
L/C 개설 및 송금
교육신청 절차
소액 구매 절차

|||| 쌓인 서류는 산더미 같고, 회의는 바다처럼 많다. (文山會海)

이 일을 하지 않으면 회사가 망하느냐?

05 ── 올바른 프로젝트를 정하기 위한 3대 관점

강 주임! 이 프로젝트 대상 설비 어디 갔어요?

프로젝트는 잘 끝냈는데, 해당 제품 생산이 중단 되었다고 설비를 철거 하던데요.

아니, 그런 프로젝트를 왜 했죠?

저도 황당하네요. ...

시사점

▶▶ 올바른 프로젝트를 정하려면 '전략, 프로세스, 고객'과 연계하라.

▶▶ Top-down과 Bottom-up이 조화를 이루는 방법론이 대세이다.

잘못된 프로젝트는 오히려 낭비

6시그마를 실무적으로 가장 잘 구현하는 것은 역시 '프로젝트'이다. DMAIC라는 과학적이고 합리적인 방법론을 통해 고질적인 문제를 해결하고 비즈니스 성과를 직접적으로 창출할 수 있기 때문이다.

그러나 어떤 경우에는 프로젝트가 오히려 낭비가 될 수도 있다. 이른바 '올바른 프로젝트(Right Project)'를 수행하지 않을 때인데, 대표적인 유형을 살펴보면 다음과 같다.

- **경영전략**과 관련 없는 프로젝트
- **내부 프로세스 역량**을 해치는 프로젝트
- **고객의 소리**를 무시한 프로젝트

이러한 유형들은 6시그마 초창기에 프로젝트 선정을 위한 올바른 방법론이 지원되지 않은 상태에서 개별부서 또는 개인업무 범위의 프로젝트를 정할 때 자주 발생한다.

"우리 프로젝트가 물거품이 된 것도 올바른 프로젝트를 선정하지 못했기 때문이군요."

"그렇죠.
개선기회가 있다고 전부 6시그마 프로젝트가 되는 건 아니거든요."

"그렇다면 어떻게 해야죠?"

"앞서 언급한 세 가지 유형을 방지하는 차원에서
차근차근 접근하면 올바른 프로젝트를 저절로
정할 수 있어요."

:: 프로젝트 선정을 위한 3대 관점

낭비 없는 6시그마 프로젝트를 정하려면 "6시그마를 왜 하는가?"에 대한 궁극적인 목적과 경영활동 안에서 프로젝트의 위치와 역할을 이해하는 것이 중요하다. 아래 그림을 보면서 순차적으로 살펴보자.

▶ 6시그마 프로젝트의 위치와 역할

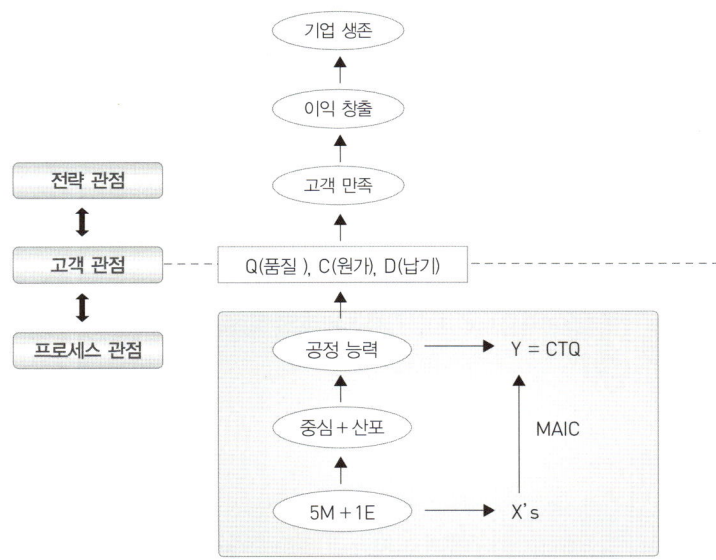

어떤 기업이든 영속적으로 살아남으려면 꾸준하게 이익을 창출해야 한다. 그러나 까다로운 고객은 지갑을 함부로 열지 않는다. 그들은 만족할 때 돈을 지불하는데, 그들이 요구하는 수준의 Q, C, D를 제공해야 가능하다. 〈전략, 고객관점〉

양질의 Q, C, D는 그냥 만들어지지 않는다. 기업 내부 프로세스의 공정능력이 있어야 한다. 공정능력(Y)은 '중심과 산포'에 따라 결정되는데 중심과 산포는 다양한 원인(X)이 영향을 미친 결과로 나타난다. 따라서 기업 생존을 위한 실질적인 행동은 가장 하위에 있는 내부 프로세스의 공정 인자를 대상으로 이루어진다고 볼 수 있다. 〈프로세스 관점〉

이런 점에서 올바른 프로젝트는 '전략 달성, 고객 만족, 프로세스 역량 증대' 가운데 어느 한 가지 이상과 연계되어 있다고 볼 수 있으며, 이 3대 관점을 체계적으로 아울러 프로젝트를 도출하고 정하는 방법이 가장 보편적인 접근이다.

'BAP', 'CTQ Tree', '$Y=f(x)$ Cascading' 이 3대 관점에서 프로젝트를 찾아가는 대표적인 방법론이다.

:: **BAP** (Business Alignment Planning)

BAP는 '경영전략', '프로세스', '고객핵심요구사항'을 순차적으로 연계하여 중점개선영역과 실행 과제를 도출하는 과정이다. 중점개선영역(Big Y)을 정하는 '전략적 BAP'와 6시그마 프로젝트를 정하는 '운영적 BAP'의 두 단계로 나누어 진행된다.

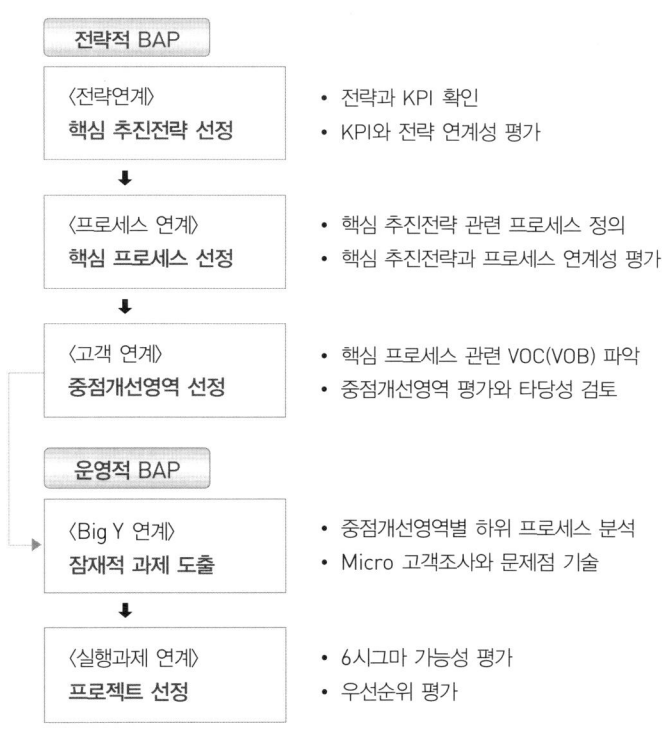

BAP에서 사용하는 Template

:: 전략 연계

'KPI 연계 평가표'로 핵심추진전략을 선정한다.

평가기준 / 추진전략	KPI 연계						합계	핵심전략선정
	인원합리화율	직원만족도	기업문화만족도	연당교육일수	복리후생만족도	안전지수		
인력경쟁력강화	9	1	9	9	1	1	30	O
WIN WIN 노사관계구축	1	3				3	19	
지역사회공헌활동강화	1					1	13	
전략전문가양성	1					1	11	
직원역량강화	3					1		
능력성과위주인사운영체계구축	3	3	1	1				
총무후생제도개선	1	9	9	1	9	1		O
안전보건경영시스템개선	1	3	3	1	1	9	18	

아하! 점수가 높은 두 개의 전략에 집중하면 되겠군.

※ 변별력을 높이기 위해 가중치는 9, 3, 1로 한다.

:: 프로세스 연계

핵심전략과 관련된 핵심프로세스를 선정한다.

핵심추진전략	핵심 프로세스	평가 기준			총점	순위	핵심프로세스
		KPI영향	ERROR율	재무영향			
인력경쟁력강화	인력운영 프로세스	9	9	9	27	1	◎
	교육훈련 프로세스	9	3	3	18	2	◎
	채용 프로세스	3	3	3	9		
	---- ----	1	1	9	11		
	○○○○ ○○	9	3	1	13		
총무후생제도개선	○○○			3	21	1	◎

* KPI 영향력이 큰 프로세스인가?
* 현재 프로세스 Error율은 어느 정도인가?
* 재무적인 영향력은 얼마나 큰가?

VOC를 들어 잠재적 중점개선영역을 도출하고 평가기준에 따라 중점개선영역을 선정한다.

개선 프로세스	프로세스 Output	고객 세분화	고객의 소리 (VOC / VOB)	잠재적 중점개선영역
교육훈련 프로세스	• 교육일수 • 교육만족도 • 직무역량	현장 직원	• 교육기회가 적다 • 실무에 도움이 안 된다. • 교육과정을 잘 모른다.	• 현업주도 교육체계 마련 • 핵심 전문가 양성 • 직무수행능력 향상
		스태프 직원	• 전문교육이 필요하다. • 사회교육 기회가 적다. • 희망교육이 안 된다.	
		경영층	• 업무 다기능화 부족 • 전문가 양성이 안 된다.	
인력운영 프로세스	• ㅎㅎㅎ • ○○○	− − − − − −	− − − − − −	• − − −

잠재적 중점 개선영역	평가기준						중점개선 영역
	고객 영향 (+)	재무 영향 (+)	전략 일지 (+)	실현 능력 (+)	현재 수준 (−)	개선 지수 (=)	
현업주도 교육 체계 마련	9	1	3	3	1	15	
부분별 핵심 전문가 양성	3	1	9	9	1	21	
직무수행능력 향상	9	1	9	9	1	27	Selected

평가기준만
잘 정리해도
낭비 없는 프로젝트를
찾을 수 있겠네…

"6시그마에서는 하나라도 허튼 것이 없다.
프로젝트를 정할 때도 여러 가지 평가기준에
따라 검토하고 정량적으로 판단하려고 한다."

:: 6시그마 가능성 평가

Big *Y*를 근거로 운영적 **BAP**에서 도출한 실행과제가 6시그마 프로젝트가 될
수 있는지 평가한다.

검토항목	YES	NO
1. 프로세스가 존재하는가?	DMAIC	DFSS
2. 4~6개월에 수행할 수 있는가?	6시그마	과제분리
3. 근본원인에 대한 해결책을 알고 있는가?	즉시 실천	6시그마

:: 우선순위 평가

과제 유형이 분류되면 평가기준에 따라 우선순위를 정한다.

- 고객영향도: 고객에게 미치는 효과의 크기는?
- 전략연계성: 사업전략과 얼마나 일치하는가?
- 기대효과: 재무적 효과는?
- 시급성: 얼마나 시급한가?
- 실행 가능성: 해결이 가능하며 자원이 얼마나 필요한가?

"BAP를 잘 운영하면 위에서 아래로 잘 연결된 프로젝트를
정할 수 있겠군요."

"물론이죠. 그리고 평가기준대로 잘 평가하면
강 주임 프로젝트처럼 다 된 밥에
코 빠뜨리는 일이 없겠죠?"

:: CTQ Tree

CTQ Tree는 고객만족의 3대 요소인 Q(품질), C(비용), D(납기)를 확보하기 위하여 각 조직이 실행하는 모든 프로세스 또는 업무를 실행가능한 프로젝트 크기까지 세분화한 것을 말한다.

트리 형태로 구성되어 있어 '고객 관점'의 상위 CTQ와 '내부 프로세스 관점'의 하위 프로젝트 사이의 연결고리를 일목요연하게 볼 수 있으며, 조직과 개인의 업무 목표를 명확히 규명하는 데 장점이 있다.

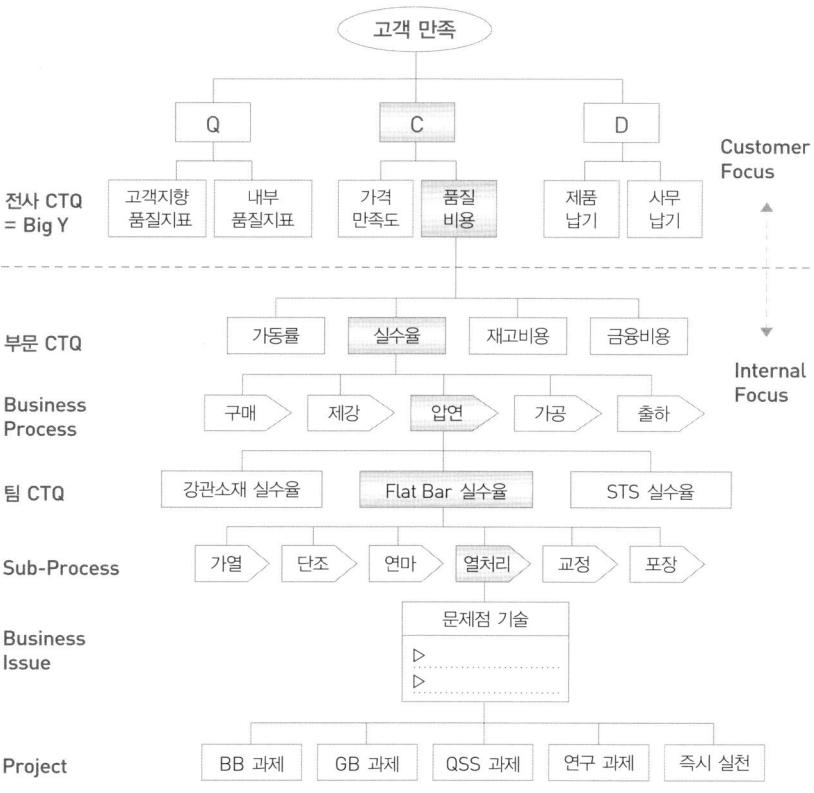

:: **Q, C, D란?**

Quality 제품 품질뿐만 아니라 업무의 '질'즌인 부분 포괄

Cost 제조원가뿐만 아니라 업무전반의 '비용'과 관련된 부분 포괄

Delivery 제품 납기뿐만 아니라 업무 Cycle t me등 '시간'과 관련된
부분 포괄

"CTQ Tree가 BAP보다 성과지표도 명확하고 좋은데요."

"보기에는 좋죠.
하지만 트리를 만드는 일은 장난이 아닙니다.
BAP와 같은 일을 할 뿐만 아니라 성과지표까지
일관되게 엮어야 하니 어쩌면 더 어렵죠"

"평소에 관리하는 항목들로 대충 짜맞추면 금방 만들 수
있을 것 같은데…"

"그 점이 바로 CTQ Tree의 단점입니다.
위에서 아래까지 충분히 토론하지 않고 몇몇
직원이 책상에 앉아서 만드는 경우가 많거든요.
그렇게 되면 실전용이 아닌 보여주기 위한
전시용으로 전락하고 말죠"

:: *Y=f(x)* Cascading

Y=f(x) Cascading은 최상위 회사 전략에서 출발하여 원인(x)과 결과(Y)의 관계규명을 하면서 최하위 프로세스까지 연쇄적으로 층별하는 방법이다. 상위 x가 하위 Y가 되면서 Cascading 하면 하나의 전략이 수십, 수백 개의 프로젝트로 쪼개진다. 마치 폭포수처럼…

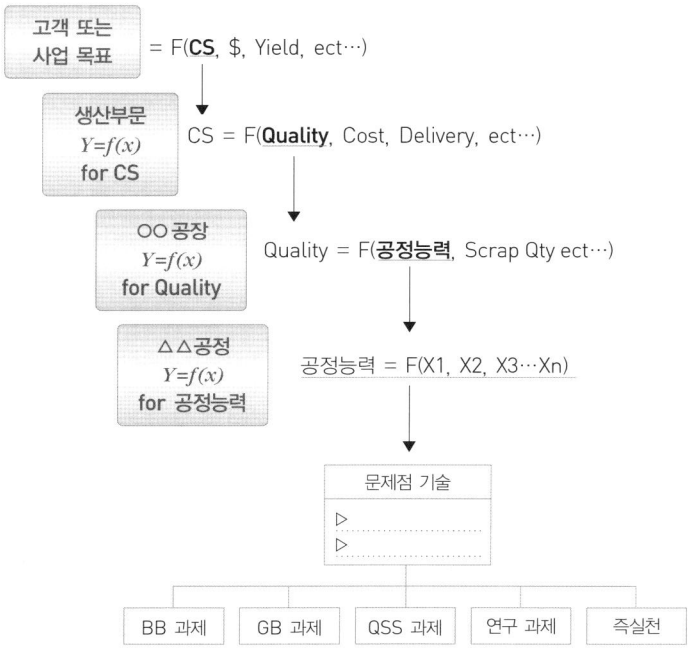

Y=f(x) Cascading은 *Y=f(x)*, Vital Few Approach 같은 6시그마 기본원리에 충실한 것이 장점이다. 그래서 쉽게 접근하더라도 올바른 프로젝트를 찾을 수 있다. 단, CTQ Tree에 비해 성과지표의 상관성을 검증하기 어려운 것이 단점이다.

다른 경영기법과 프로젝트를 연계하라

대부분 회사들이 6시그마 외에 BSC, MBO, PI 등 필요한 경영기법을 같이 운영한다. 6시그마 프로젝트는 이것들과 항상 연계하는 것이 중요하다. 만약 따로국밥으로 운영하면 비슷한 일이 중복되거나 서로 반목하여 다투게 되고 중대한 낭비가 발생할 수 있기 때문이다.

포스코특수강은 이 점을 고려하여 회사의 모든 경영기법과 연계하는 것을 원칙으로 하고 있다. BSC에 등록된 KPI를 근거로 BAP를 실행하고, 도출된 실행과제는 개인별 MBO로 연계되게 한다.

또한 즉시 또는 단발적으로 발생하는 경영진의 지시나 고객 요구사항 가운데 개선이 필요한 사항은 6시그마 사무국으로 접수되어 프로젝트 가능성을 타진 받는다.

하지만 그 어떤 시스템보다 더 위력적인 것이 있다. 평상시 경영활동에서 행하는 경영진의 말 한 마디이다.

"6시그마 프로젝트로 해결해 보세요.…"

아래로부터의 프로젝트도 존중하라

지금까지 위에서 아래로 프로젝트를 도출하는 방법을 알아보았다. 6시그마가 Top-down 방식을 지향하므로 회사 전략과 목표에서 출발하는 것이 당연하며, 프로젝트 선정 방법론 가운데 기본적인 구조임에 틀림없다.

하지만 생산 현장의 프로젝트는 달리 생각해야 한다. 현장 직원들의 관심사는 자신이 몸담은 공정의 문제이지 최상위의 회사 전략이나 KPI는 먼 발치에 있기 때문이다. 때로는 전략과 연계된 실행과제를 할당 받는 경우도 있지만 현장은 부담스럽기 그지 없다.

따라서 생산 현장까지 회사 전략을 억지로 연계시킬 필요는 없다. 프로젝트가 상위 KPI에 얼마나 영향을 미쳤는지 평가해서도 안 된다. 차라리 그들이 서 있는 자리에서 그들에게 절실한 문제를 죽 끓듯이 개선하게 내버려두는 것이 훨씬 낫다. 그 대표적 형태가 요즘 각광받는 QSS 과제이다.

그러므로 Top-down과 Bottom-up을 합쳐 완전한 프로젝트 풀이 되도록 프로젝트 선정 방법론을 완성해야 한다.

06 — 어떻게 하면 '나홀로 프로젝트'를 막을까

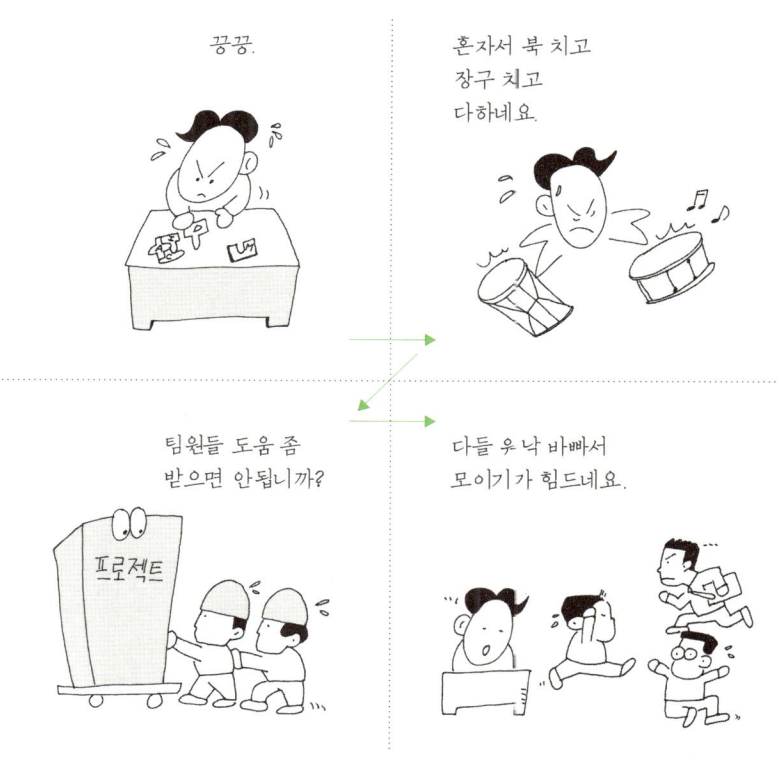

꿍꿍.

혼자서 북 치고
장구 치고
다하네요.

팀원들 도움 좀
받으면 안됩니까?

프로젝트

다들 우 낙 바빠서
모이기가 힘드네요.

▶▶▶ 프로젝트는 관련자들이 책임과 역할을 다할 때 성공할 수 있다.
▶▶▶ 공식적인 만남의 장을 만들 때 나홀로 프로젝트를 예방할 수 있다.

백지장도 맞들면 낫다

6시그마 프로젝트를 효율적으로 수행하려면 여러 사람의 도움이 반드시 필요하다. 특히 챔피언, 프로세스 오너, 팀원이 책임과 역할을 다할 때 성공적인 성과를 만들어 낼 수 있다.

하지만 현실은 녹록하지 않다. 프로젝트 관련자들은 프로젝트 리더와 달리 주어진 책임과 역할을 100% 발휘하지 못한다. 자신의 역할을 제대로 인식하지 못하거나 무엇을 해야 할지 모르기 때문이다. 특히 팀원들은 시간이 부족하다는 이유로 팀 활동에 소홀한 경우가 많다.

어떤 이유에서건 프로젝트 관련자들이 적극적으로 참여하지 않고 리더 혼자서 북 치고 장구 치는 형태의 '나홀로 프로젝트'는 끊이지 않는 실정이며, 6시그마 추진회사의 골칫거리이다.

One point lesson

:: **프로젝트 관련자의 책임과 역할**

챔피언	프로젝트 성과에 책임을 지며, 프로젝트 수행에 필요한 지원과 타 부문과의 연계 격할을 한다. 주로 임원급이 맡지만 프로젝트 레벨에 따라 부장, 팀장이 대신할 수도 있다. 프로젝트의 최상위 오너이다.
프로세스 오너	프로젝트 개선안 실행 시 조직과 자원을 지원하고, 개선된 프로세스의 관리와 성과측정의 책임을 진다. 주로 현업 프로세스 관리자인 공장장, 팀장이 맡는다.
팀원	프로젝트 성과와 실패를 공유하며, 문제의 발견, 개선 아이디어 도출 등의 실무적인 지원을 한다. 프로젝트 수행에 실질적으로 참여하는 직원들이다.

공식적인 만남의 장을 만들어라

나홀로 프로젝트를 예방하기 위하여 각 회사마다 다양한 방법을 동원하고 있다. 팀 활동을 독려하기 위하여 활동비를 지급하거나 프로젝트 평가항목에 팀 미팅 횟수를 포함하기도 한다. 온라인 또는 오프라인상에 팀 활동 실적을 기록할 수 있게 템플릿을 제공하기도 한다.

그러나 다양한 아이디어를 강구하는 노력만큼 실질적인 팀 활동은 잘 이루어지지 않는다.

포스코특수강도 마찬가지였다. 이것 저것 팀 활동에 좋다는 처방을 다 써보았지만 효과를 별로 얻지 못했다. 팀 활동비는 리더가 어떻게 쓸지 몰라 통장 잔고로 남았고, 실적 확인용 템플릿은 불필요한 행정업무로 전락하고 말았다. 일과 후에 억지로 남도록 독려해봤자 불만만 쌓였다. 비공식 활동을 기대하는 것은 결국 한계가 있었다. 그래서 공식적인 만남의 장을 마련해주고 있다.

∷ 교육 프로그램과 연계하라

▲ 팀원이 함께 참여하는 프로젝트 실무교육 모습

첫 번째 만남의 장은 교육이다. 이론 위주의 교육에서 프로젝트 중심의 실무교육으로 전환하였다. 팀원들이 다 함께 참석하도록 정기수리 같은 계획휴지를 6시그마 교육일로 우선 배정하고, 지도 BB를 함께 투입하여 실질적인 프로젝트 활동이 되게 프로그램을 운영한다.

교육을 빌미로 팀 활동 시간과 장소를 공식적으로 제공한 것이다. 그 결과 일석이조의 효과를 얻었다. 나홀로 프로젝트의 폐단을 해소함과 동시에 6시그마 교육 효과도 극대화되었다.

:: 공장장이 직접 나서라

두 번째 만남의 장은 프로젝트 팀원들과 프로세스 오너와의 만남이다. 생산현장 프로젝트의 경우 공장장이 주인인데 주기적으로 프로젝트팀과 만나는 기회를 가져야 한다. 가장 실무적으로 프로젝트를 지원하고 통제할 사람이 공장장이기 때문이다.

공장장이 주도하는 '6시그마 데이'와 같은 공식적인 만남의 장을 만들면 프로젝트 팀원은 그 자리에서 거짓말을 못한다. 애로사항을 말할 수밖에 없다. 금전적인 지원도 확보할 수 있다. 프로젝트 팀원들이 조금 힘들지 몰라도 프로젝트를 성공적으로 완수하기 위하여 이보다 더 좋은 방법은 없는 것 같다.

:: 사이버 공간을 활용하라

세 번째 만남은 사이버 공간에서 이루어진다. 앞선 사례와 같이 공식적인 만남을 주선하더라도 시간과 공간이 부족할 때가 있다. 특히 돌발상황이 발생할 경우에는 공식적인 날을 기다릴 수 없다. 이때 자투리 시간이나 퇴근 후라도 자유롭게 드나들 만남의 장이 필요한데 사이버 공간이 제격이다.

포스코특수강은 지식관리시스템(KMS)에서 자유롭게 의견을 올리고 자료를 공유할 수 있게 사이버 공간을 지원한다. '지식경영은 6시그마를 꽃피울 토양' 편에서 좀더 자세히 알아보겠다.

07 — 6시그마 사무국
어떻게 진화해야 하나

우리 공장 프로젝트가
3년 전보다 3배나 늘어났는데,
그만큼 사무국도
바빠졌겠네요.

아뇨…
오히려 옛날보다 사무국
인원이 절반으로
줄었는데요.

거 참! 신통하네,
요즈음 6시그마가 더 잘 돌아가는데
인원이 줄었다고요??.

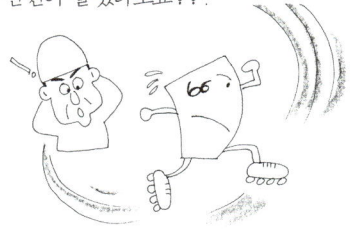

6시그마를 제대로 하면
당연한 것 아닌가요.

시사점

▶▶ 6시그마 사무국의 통제 없이도 돌아가는 체계를 만들어라.

▶▶ 사람이 아니라 시스템적으로 접근하라.

작은 정부, 지방 분권형

요즘 '작은 정부' 또는 '지방 분권형'이라는 용어를 자주 접하게 된다. 지방자치 시대를 맞아 더 많은 권한을 지방에 이양하고, 혁신을 통해 중앙 정부는 낭비성 업무를 줄이고 조직과 인력을 경량화하여 작지만 효율성을 기한다는 의미를 담고 있는 것 같다.

6시그마 사무국은 바로 이런 관점으로 진화해야 한다.

"보통 6시그마를 시작한 지 3~4년이 지나면
프로젝트 수가 증가하지 않나요?"

"확산 정도에 따라 다르지만
당연히 그 방향으로 가겠죠."

"프로젝트 진행 관리, 성과 검증과 보상고 관련된 업무량이
늘어나고, 교육이나 벨트 자격관리에도 인력이 더 필요하니,
사무국이 더 보강되어야 하지 않나요?"

"단순히 생각하면 그렇지만,
사무국이 그 때문에 비대해져서는
결코 바람직하지 않습니다."

???

시스템이 하게 한다

6시그마 사무국의 효율성을 높일 무기는 프로젝트의 관리 전반을 전산 시스템화하는 것이다. 즉, 프로젝트 등록에서 사후관리, 팀 구성, 지도와 승인, 평가와 보상 체계를 전산 시스템으로 구축한다. 여기에 프로젝트 진척 현황 같은 각종 현황 분석 자료를 제공하여 각 조직 간의 선의의 경쟁을 유도하게 구축하는 것도 필수적이다.

▶ 프로젝트 관리 시스템의 일반적인 구성 체계

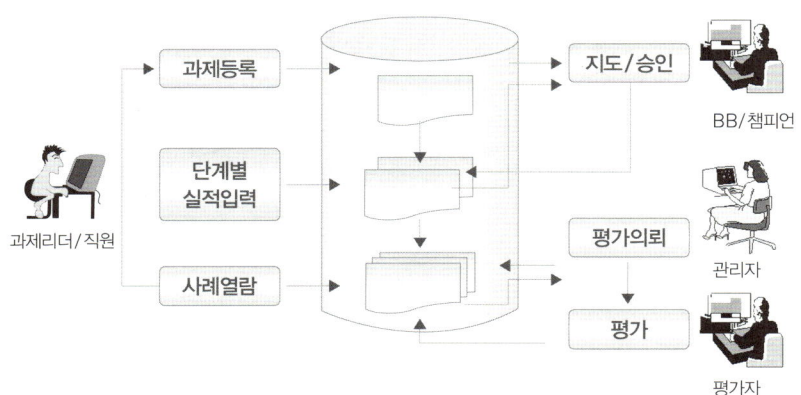

One point lesson

:: 프로젝트 관리 시스템에 반영되어야 할 필수 항목

- 프로젝트 등록과 단계별 입력
- 프로젝트 열람과 현황 분석
- 프로젝트 팀 구성
- 프로젝트 승인과 평가

각 기업별 6시그마 추진 방식과 문화를 잘 반영한 프로젝트 관리 시스템을 구축하고, 이 시스템의 활용도를 높이면 6시그마 사무국의 업무는 자연스럽게 효율화될 수 있다.

현업 주도 체계를 발전시킨다

초기 6시그마 도입 단계에서는 6시그마 사무국이 주도하여 회사 전체의 6시그마 활동을 이끌고 나갈 수밖에 없다. 6시그마 활동에 대한 참여 의지가 아직 높지 않고, MBB, BB 같은 전문가 양성이 부족한 상태이기 때문이다. 따라서 이 기간에는 챔피언(경영진)의 강력한 지원을 바탕으로 중앙 주도형으로 6시그마 활동을 전개하는 것이 바람직하다.

하지만 이러한 형태의 6시그마 활동은 도입기를 지나 확산 단계에 진입하면 변화할 필요가 있다. 즉, 6시그마 사무국 중심의 중앙 통제와 관리보다는 각 현업 중심의 자율 관리 체계로 발전해야 한다.

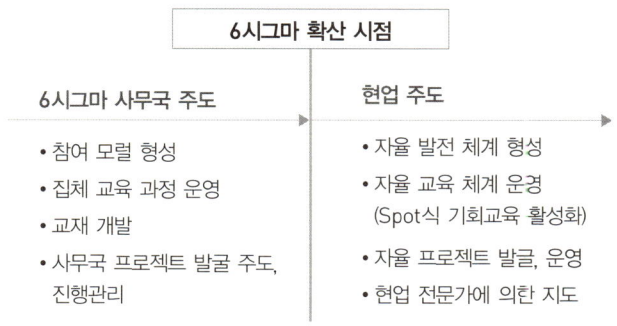

6시그마 사무국 주도	현업 주도
• 참여 모럴 형성	• 자율 발전 체계 형성
• 집체 교육 과정 운영	• 자율 교육 체계 운영 (Spot식 기회교육 활성화)
• 교재 개발	• 자율 프로젝트 발굴, 운영
• 사무국 프로젝트 발굴 주도, 진행관리	• 현업 전문가에 의한 지도

6시그마 확산 시점

6시그마 교육은 일률적인 집체 교육 형태에서 벗어나 현장 전문가를 활용한 스폿(Spot)식 기회 교육을 확대해야 한다. 6시그마 프로젝트 또한 발굴, 진행관리, 지도에 이르기까지 현업 주도의 자율관리 체계가 자리잡아야 한다. 이 경우 사무국은 전체 상황을 모니터링하고, 통합 조정하는 역할에 충실하면 된다.

6시그마 사무국 = 6시그마 '서비스 센터', 'Help센터'

6시그마 활동이 한 단계 발전하려면 6시그마 사무국의 역할이 바뀌어야 한다. 초기 단계에 6시그마 프로젝트 관리나 전문 인력(Belt) 육성에 초점이 모아졌다면 발전 단계에는 6시그마 활동 '서비스 센터' 또는 'Help 센터' 역할로 진화해야 한다.

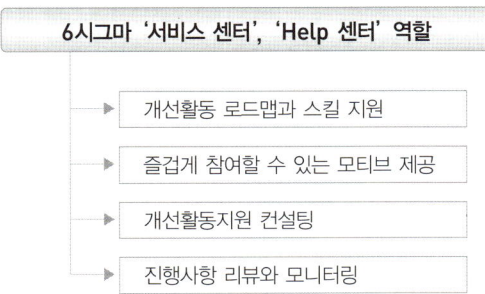

6시그마 '서비스 센터', 'Help 센터' 역할

- 개선활동 로드맵과 스킬 지원
- 즐겁게 참여할 수 있는 모티브 제공
- 개선활동지원 컨설팅
- 진행사항 리뷰와 모니터링

:: 6시그마 활동 로드맵과 스킬 지원

6시그마 활동 초기 단계에 접목했던 전통적인 6시그마 프로젝트 방법론을 더욱 실전적이고 고유의 기업문화에 맞추어 발전시켜야 한다. 특히 최일선 현장 직원까지 6시그마 프로젝트에 동참시키려면 그들에게 맞는 한층 간단하고 쉬운 방법을 제시해야 한다. 이러한 필요성에 맞추어 각 계층별, 업무 성격별 프로젝트 방법론을 연구하고, 그 결과로 정립된 로드맵과 스킬을 지원하는 역할을 6시그마 사무국이 해야 한다.

:: 즐겁게 참여할 수 있는 모티브 제공

"혁신도 즐겁지 않으면 안 된다."

6시그마 활동을 3~4년 지속하다 보면 자칫 혁신 피로감을 느끼게 되고 무기력증에 빠지기 쉽다. 이를 극복하는 길은 우선 지속적으로 워크숍이나 토론회 등을 통해 직원들의 참여 의식 제고가 필요하다. '프로젝트 도출', '발전방안 수립', '성과 반성회' 등의 다양한 회합 프로그램을 기획해 보자.

혁신 성공기업을 벤치마킹 하는 것도 소홀히 해서는 안 된다.

"열 번 듣는 것보다 한 번 보는 것이 낫다."는 관점으로 다양한 벤치마킹 계획을 수립하여 제공해야 한다.

사내 이벤트 행사를 통해 직원들의 참여 의식을 끌어올리는 것도 좋은 방법이다.

그러나 이 경우 조심해야 할 것은 이벤트 행사를 남발하거나 전시성 행사로 끝나서는 안 된다는 점이다. 또한 직원들의 참여 없이 사무국만의 잔치로 끝나서는 안 된다.

　대표적인 이벤트 행사로 '프로젝트 발표(경진)대회'를 들 수 있는데, 이 행사 또한 '즐거워야 한다'는 큰 취지에서 봐야 한다. 보통의 경우 사내 우수 6시그마 프로젝트 경연으로 디자인하여 운영되는데, 이 경우 딱딱한 프로젝트 발표 위주이다 보니 발표자는 열심이지만 일반 직원들의 관심도와 참여도는 떨어질 수밖에 없다. 참여도를 높이고 6시그마 활성화의 모티브로 자리매김하려면 '페스티벌(축제)' 형식으로 진화해야 한다.

　포스코특수강에서 매년 개최하는 '개선활동 페스티벌'을 보면 글자 그대로 한바탕 어울림 축제이다. 프로젝트 내용 경연은 '베스트 프렉티스' 발표로 한정하고, 직원 장기 공연, 도전 6시그마 골든벨, 퍼포먼스, OX퀴즈 등으로 직원 모두 참여하고 즐기는 이벤트로 진화되었다.

▲ 포스코특수강의 개선활동 페스티벌 모습

:: 6시그마 지원 컨설팅

사무국이 6시그마 프로젝트 관리 업무에서 벗어나 더욱 적극적으로 6시그마 프로젝트에 참여하여 지원하는 형태이다. 즉, 회사의 중요 프로젝트에 개선 전문가(MBB, BB그룹)를 사내 컨설턴트로 직접 연결시키거나, 6시그마 사무국이 현업과 함께 공동으로 프로젝트를 수행하는 것을 말한다.

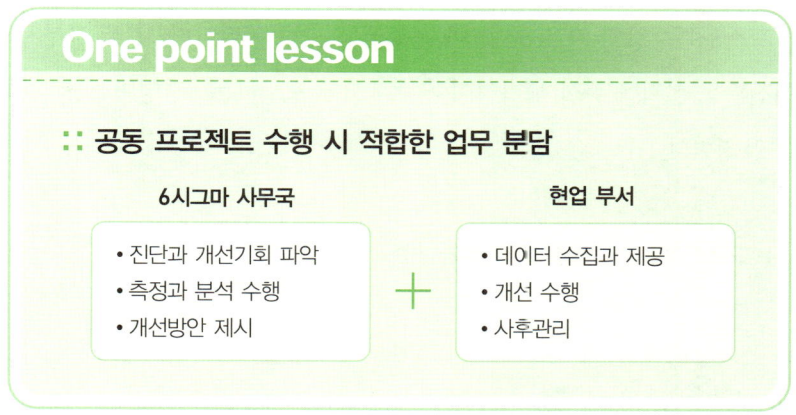

One point lesson

:: 공동 프로젝트 수행 시 적합한 업무 분담

6시그마 사무국	현업 부서
• 진단과 개선기회 파악 • 측정과 분석 수행 • 개선방안 제시	• 데이터 수집과 제공 • 개선 수행 • 사후관리

:: 진행사항 모니터링

모니터링은 단순히 진행 정도 파악에 그쳐서는 안 된다. 6시그마 활동을 추진하는 데 애로사항을 직접 파악해서 걸림돌을 제거하고 개선하는 데 초점이 맞추어져야 한다. 또한 모니터링은 6시그마 활동 우수 그룹과 직원을 발굴하여 홍보하고 포상하는 목적으로 유용하게 활용해야 한다.

활동 결과를 종합 평가하는 시스템 운영하라

6시그마 사무국의 통제 없이도 6시그마 활동이 자율로 뿌리 내리기 위해서는 활동 결과를 객관적이고 투명하게 평가할 시스템을 갖추어야 한다. 운영상 유의점은 평가 항목과 지표는 가급적 정량적으로 집계할 수 있는 것이 좋으며, 사전에 공개하여 피 평가 부서들의 혁신 활동을 활성화하는 유도책으로 사용하는 것이 좋다. 물론 평가 결과에 따른 인센티브를 크게 하여 부서 사이에 선의의 경쟁을 유도하는 것도 중요하다.

포스코특수강의 경우 6시그마 사무국 주도로 연말마다 그 해 각부서의 혁신활동 실적을 종합 평가하여 우수부서에 포상하는 '경영혁신상' 제도를 운영한다.

▶ **포스코특수강의 경영혁신상 평가 기준**

6시그마
▷ 내실 위주의 6시그마 활동
▷ 일상업무에서의 개선활동 전개
▷ 성과 지속유지 관리와 과제참여 확대

- 과제 평가 등급
- 과제 진척률
- 과제 참여율
- 사후관리 실적 달성률

제안
▷ 제안의 질적 향상 유도
▷ 직무발명으로 적합한 특허출원 권장

- 성과금액 향상률
- 우수제안 실적
- 6등급 이상 제안 참여율
- 직무발명 출원건수

지식경영
▷ 체계적인 지식 공유문화 정착
▷ 등록 지식의 업무활용도 연계

- 지식 마일리지
- 베스트 지식 등록 건수

표준화
▷ 표준과 연계한 체계적인 시스템 가동
▷ 개선활동과 연계한 표준화 활동 정착

- 표준 이행률
- 표준 제·개정률

08 — 표준화와 6시그마 활동은 같이 굴러가야

어 휴.. 해마다 왠 고생이람.

6시그마를 3년쯤 하면 뭐 좀 달라져야 하는 것 아닌가요?

ISO 심사와 6시그마가 뭐 큰 관련이라도 있나요?

6시그마를 제대로 하면 ISO 심사 준비를 따로 할 필요 없을 텐데…

시사점

▶▶ 표준화는 6시그마 활동을 제대로 하기 위한 가장 기본 요소이다.

▶▶ 6시그마 활동 이전, 표준부터 제대로 만들고 지켜라!

표준 vs 표준

　일정 규모 이상의 기업 현장에서 '표준'을 갖추어 놓지 않은 곳은 찾기 어렵다. 그만큼 '표준'은 기업 활동의 기본으로 자리잡고 있다. 하지만 이런 위치에도 불구하고 많은 곳의 표준은 "표준(標準)이 아니라 표준(表準)"인 경우가 많다.

∷ 표준(表準)

- 작업자가 표준에 의하지 않고 개인의 감이나 경험에 의존해 작업하는 현장
- 표준서를 작업자가 쉽게 확인할 수 없는 작업 현장
- 표준서를 ISO 같은 공인 인증을 유지하기 위한 목적으로만 갖추어 놓은 현장

∷ 표준(標準)

- 표준서가 작업의 모든 사항을 반영하여 구체적으로 작성되어 있는 현장
- 전체 작업자가 항상 표준대로 작업하는 현장
- 표준을 개선활동을 통해 제·개정하여 지속 발전시키는 현장

"개선활동을 잘하려면 작업표준을 제대로 갖추어야 하는데…"

"개선만 잘하면 되지 표준서가 뭐 그리 중요한가요?"

"개선이 일회성으로 끝나지 않고 지속·유지되려면 개선사항을 표준에 정확히 반영하는 것이 기본이죠. 그런 다음 모두가 똑같이 지켜야 하고요!"

"그 말은 완료된 6시그마 프로젝트의 기본이 '표준'이란 말이군요."

"네! 표준화가 함께 하지 않는 개선은 사상누각에 불과하죠."

"음! 개선을 하기 전 표준부터 제대로 챙겨봐야 하겠군.."

One point lesson

:: 표준의 분류 방법

작업이나 업무의 성격을 기준으로 다음과 같이 표준을 분류하여 관리하면 효율적이다.

- **작업표준**: 현장 작업에 관한 오퍼레이팅 방법, 행위 등을 기술
- **기술표준**: 온도, 압력, 시간 같은 기술적인 노하우 기술
- **업무표준**: 사무부문의 업무처리 절차, 행위 등을 기술

6시그마 프로젝트는 표준에서 시작해 표준으로 끝난다

6시그마 프로젝트를 선정할 때 먼저 고려해야 할 사항 가운데 중요한 부분이 해결해야 할 문제와 표준과의 관계이다. 일반적으로 대부분의 문제는 표준이 없거나 표준을 제대로 지키지 않음으로써 발생한다. 표준만 잘 지키면 되는 일상적인 문제는 6시그마 프로젝트의 대상으로 할 필요 없다. 6시그마 프로젝트는 표준으로 해결할 수 없는 고질적인 문제를 대상으로 해야 한다. 이 말은 "6시그마 활동을 추진하기 위해서는 먼저 표준부터 정비하고 준수하는 것이 기본이다."라는 말과 통한다.

▶ 표준과 6시그마 활동과의 관계

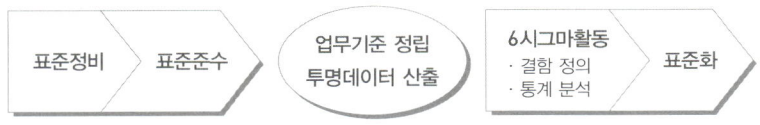

6시그마 프로젝트의 '결함 정의'나 '통계분석' 등도 표준이 제대로 정립되어 있고 똑같이 지킨다는 가정 아래 의미가 있다. 즉, 표준대로 작업해야만 업무기준이 명확해지고 여기서 나온 데이터는 투명 데이터로 가치가 있다. 또한 6시그마 프로젝트로 어떤 문제를 해결하거나 개선했더라도 표준화로 귀결되어야 비로소 완료되었다고 볼 수 있다.

따라서 6시그마 프로젝트는 "표준에서 시작해서 표준으로 끝난다."고 해도 무리가 없다.

표준서를 제대로 정비하는 방법

:: 실제 작업(업무)하는 사람이 작성하라

직접 그 작업(업무)을 수행하지 않는 스태프 직원이 표준서를 작성하는 경우가 많다. 이렇게 되면 현장의 세부적인 작업 사항을 담을 수 없고, 현장의 제반 여건이 무시되어 실제 작업자가 외면하는 표준이 될 가능성이 높아진다. 작성 과정에서 어려운 점이 있더라도 반드시 표준서는 실제 그 일을 하는 사람이 만드는 것이 원칙이다. 또한 제·개정된 표준의 내용은 모든 관련 작업자가 동의하고 공유하는 절차가 반드시 필요하다.

:: 구체적이고 살아 있는 표준을 만들어라

개괄적이고 포괄적인 내용만 담는 것은 표준서로 가치가 떨어진다. 업무 프로세스나 내용에 따라 세부적으로 기술해야 한다. 업무 노하우가 담겨야 함은 물론이다. 또한 6시그마 프로젝트 등 개선활동과 연계하여 제 · 개정이 활발히 일어나는 표준 체계 구성이 중요하다.

:: 품질을 확보할 수 있는 조건을 담아라

공차의 설정을 여유 있게 하거나 업무 편의 위주로 표준서를 만들어, 표준을 지켜도 고객이 원하는 품질을 제대로 확보할 수 없다면 이 또한 표준서로 무의미하다. 항상 고객이 원하는 조건을 표준에 담아야 한다.

:: 이해하기 쉽도록 만들어라

표준서는 표준서를 항상 가까이 두고 활용할 사람의 입장에서 기술해야 한다. 가령 현장 직원이 보는 작업표준이 어렵고 기술적인 용어로 서술식으로 나열되어 있다면 표준서의 내용이 아무리 좋더라도 활용도는 떨어진다. 따라서 쉬운 용어로 풀어서 기술하고, 그림이나 도표를 활용하여 시각적으로 구성하는 노력이 필요하다.

▶ **포스코특수강의 작업표준 중 일부**

작업명: 프린트 에러 조치방법

1) [ON OFF] [POWER] ON/OFF 누른다
2) 경보등 켜짐, 잉크분사 안 됨
3) [STAT] 누름, 에러 문자확인, 경보등 꺼짐
4) 인쇄 헤드 노즐(확인) 청소, 잉크, 습기 제거
5) [MENU] [1/2] [1/2] [MENU] 누른다
6) 자동램프 깜박이다 멈춘다
7) 잉크분사 정상작동

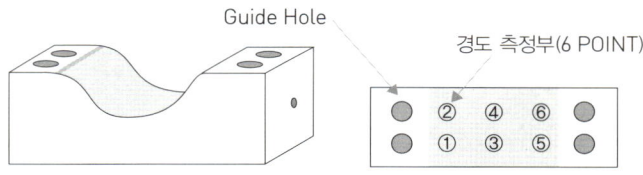

Guide Hole

경도 측정부(6 POINT)

항목	검사 장비	기준	방법	검사자
경도 검사	에코팁 경도시험기	HRC 50~55	임의의 6군데 평균 경도값	주임 또는 시험 검사원

6시그마 프로젝트 완료 여부는 표준화로 판단하라

6시그마 활동 국내 선진기업인 'S기업'은 국내 공장과 해외 공장이 동시에 6시그마 활동을 시작하였다고 한다. 초기에 6시그마 활동이 어떤 공장에 잘 접목되었을까? 언뜻 구성원의 자질이 우수한 국내 공장이 잘 될 것이라 보이지만, 결과는 반대였다. 해외공장 직원들은 작업표준을 지키지 않으면 큰일 나는 법으로 인식하여 철저히 준수했다. 이렇게 되자 개선 대상도 뚜렷해지고 개선 결과도 지속적으로 유지되었다고 한다.

포스코특수강도 6시그마 활동 도입 시기인 1999년 이전에 표준화에 관한 마인드 교육을 실시하고, 약 1년간 현장 직원 주도로 작업표준 정비를 실시한 적이 있다. 당시 약 3,400건의 구체적이고 실질적인 작업표준이 만들어졌고, 이후 이것이 6시그마 활동 추진에 많은 기여를 하고 있다. 현재 6시그마 프로젝트의 완료 여부도 'C(관리)단계'에서 표준화를 중심으로 한 '관리계획(Control Plan)'의 적정성과 이행 여부 확인에 두고 있다.

▶ **포스코특수강의 프로젝트 중, 관리단계 표준화 부분 사례**

Define	Measure	Analyze	Improve	Control	사후관리

과제번호	05372	과제명	30톤 STS강 CH/D 향상

CTQ	측정단위	개선전 수준		목표 수준		실적	
		지표	Sigma	지표	Sigma	지표	Sigma
30톤 STS강 CH/D 향상	CH/D	16.55		17.14		17.22	
전기로 TTT 단축	분/CH	87	2.95	84	3.29	83.6	3.35
COPQ	천원/년	1747000		874000		757000	

프로세스관리		
관리항목	관리기준	표준화
Slag 댐 내화물 사용 CH 수	6 ±2CH	WC-011-020-110
출탕목표 C% 성분	0.40 ±0.10	TC-100-100-010-00#-0703 외(403건)
Ladle 이동시간	VOD ≤ 전기로 USL ≤ 25분/CH	WC-011-040-090

09 __ 지식경영은 6시그마를 꽃피울 토양

강 주임! 왜 개선단계에서 진도가 안 나가죠?

개선에 필요한 ○○기술 자료를 하나 찾는 데 시간이 걸리네요.

그런 자료라면 오히려 우리 회사 안에 있을 법 한데요.

그 생각도 해봤는데 찾을 방법이 난감해서…

시사점

▶▶ 회사 내 보유한 지식만 제대로 활용해도 대부분의 문제는 풀린다.
▶▶ 6시그마 같은 혁신 활동을 지식경영의 큰 틀에 넣어라!

노는 물이 다르다

우리는 어떤 사람의 사고나 행동 방식이 남들보다 다를 때, 흔히 "노는 물이 다르다."라고 한다. 이 말은 개인의 자질이나 능력 못지않게 그 사람이 활동하고 있는 환경적인 요소를 중요시한 표현인 것 같다.

1급수에 사는 물고기는 붕어가 사는 저수지에 살 수 없고, 늘 푸른 소나무도 사막에 심으면 자랄 수 없다.

6시그마 활동의 기법과 절차가 아무리 우수해도, "어떤 환경에 놓여 있는가?"에 따라 6시그마 생명력에 결정적인 영향을 미친다.

따라서 6시그마가 잘 자랄 최적의 환경을 조성하는 것이 무엇보다 중요한데, 그것은 '지식경영'이 되어야 한다. 즉, 6시그마가 놀아야 하는 물이자 6시그마라는 나무에 영양을 공급하는 토양이 '지식경영'이다.

"6시그마 활동과 지식경영은 각자 다른 활동이 아닌가요?"

"6시그마가 수단이고 지식경영은
이를 담는 그릇이라 보면 한 덩어리라 할 수 있죠."

"6시그마는 프로젝트 해결이 핵심이고, 지식경영은
지식의 공유와 활용이 중심인데 어떻게…"

"개선 프로젝트를 포함하여
6시그마 활동에서 나온 결과물은 공유할 가치가
높은 '방법지' 아닙니까."

"음! 이런 방법지 들이 내부 구성원들에게 공유되고 활용되어야
한다는 측면에서 지식경영의 틀이 꼭 필요한 거로군요."

"네! 그러니 6시그마는 지식경영을 토대로 해야
진정한 발전을 이룰 수 있죠."

One point lesson

:: 지식의 개념과 종류

▷ 지식의 내용에 따른 종류

- **사물지** 사물의 존재 자체를 앎
  "나는 자동차를 안다"
- **사실지** 사물의 특성, 상태, 원리를 나타내는 사실을 앎
  "1+2=3이다"
- **방법지** 인간의 욕구를 해결할 방법을 앎
  "나는 된장찌개 만드는 방법을 안다"

▷ 지식의 존재 형태에 따른 종류

- **암묵지** 인간의 기억에 저장되어 있는 것
- **형식지** 책·도면·비디오·문서·소프트웨어

방법지'와 '형식지'가 가장 가치 있는 지식

지식경영에서 6시그마의 위치는

6시그마는 지식경영의 큰 틀에 하나의 콘텐츠로 자리잡으면 된다. 6시그마 활동의 꽃이라고 할 수 있는 프로젝트의 수행과 관계된 모든 행위(등록 → 진행 → 평가/보상 → 사후관리)를 지식경영 시스템(KMS)에서 이루어지게 하고 전 구성원들은 이 과정에서 나오는 결과물(개선사례, 방법지)을 열람하게 한다.

물론 6시그마 외에도 타 개선활동, 개인의 업무 노하우, 학습동아리(CoP)활동 등도 이 틀에 넣어야 한다.

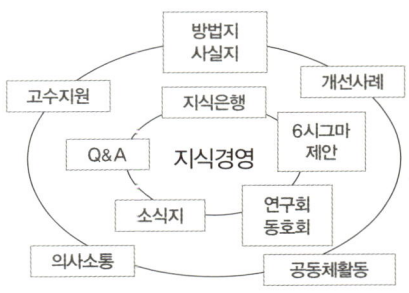

▶ **포스코특수강의 지식경영 체계**

추진활동	산출지식	구축 목적
6시그마	개선사례 / 방법지	아이디어, 추진방법 학습
제안	개선사례	아이디어 모방, 힌트
Q&A	경험지식/정보	단순지식 직접 교류
지식은행	업무(기술)	업무 수행방법 학습
	벤치마킹 정보	정보공유
	실패사례	재발방지
	교재/교육자료	자기계발
	논문	지식공유와 자기계발
소식지	회사정보	참여확대와 정보공유
연구회/동호회	활동자료	정보공유

통합화를 이루고 당근을 제시하라

6시그마를 지식경영 시스템의 주요 콘텐츠로 넣었다면, 이제는 전 구성원이 이 콘텐츠에 얼마나 참여하고, 또 얼마나 유용하게 활용할까? 하는 점이 숙제다. 시스템은 멋지게 구성하였는데 활용도가 떨어져 사장되는 경우를 자주 본다. 활용도를 높이려면 먼저 회사 내 지식 콘텐츠를 하나의 시스템(KMS)에 통합하고 손쉽게 접근하게 구성해야 한다.

또한 지식경영 활동에 열심히 참여한 직원에게 인센티브가 돌아가게 하는 것도 중요하다. 물론 이 경우도 통합화의 관점에서 인센티브를 부여하고 관리해야 한다.

포스코특수강의 경우 KMS 내 여섯 가지 콘텐츠(지식은행, 게시지식, 동호회, 6시그마, 제안, 소식지)마다 활동별 '지식 마일리지'를 부여하고 이 점수들이 모여 개인별 '통합 마일리지'로 관리되는 시스템을 채택하였다. 이렇게 쌓인 마일리지는 일정 포인트가 누적되면 콘도 이용권과 여행 경비를 지급하고 있다. 물론 6시그마 프로젝트는 완료 시 보상금 외 평가 등급에 따라 마일리지 점수가 차등 부여된다.

▶ **포스코특수강의 KMS 초 화면**

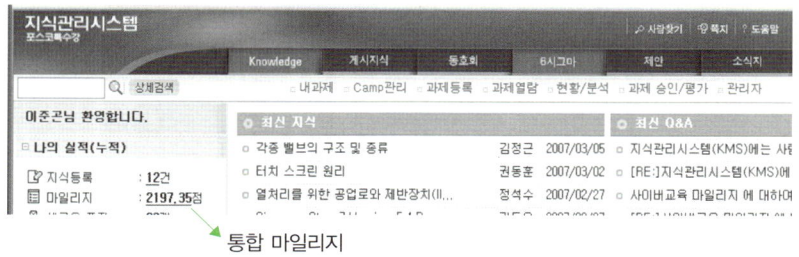

통합 마일리지

학습동아리 활동에 주목하라

지식경영시스템을 통한 6시그마 활동 활성화의 대표적인 무기는 '학습동아리'이다. 학습동아리는 등산이나 낚시, 스포츠 등의 '취미동아리'와는 달리 회사의 발전과 이익을 위해 결성된 동아리를 말한다. 이 학습동아리가 지식경영시스템에서 왕성한 활동을 벌이고, 활동결과물을 공유하는 것은 지식경영을 성공으로 이끄는 열쇠다. 특히 6시그마 활동은 팀 단위로 이루어지는 프로젝트 추진이 중심이므로 팀원 사이 또는 다른 팀과의 정보 교류는 매우 중요하다. 포스코특수강의 경우 6시그마 관련 학습동아리의 대표적인 것이 '6시그마 연구회'와 '개선 팀 동아리'이다.

:: 6시그마 연구회

일정 규모 이상의 기업은 자체 '6시그마 연구회'를 운영하는 것이 좋다. 6시그마 연구회는 '6시그마 사무국'처럼 회사의 공식 조직은 아니지만 6시그마 활동 발전 방향을 연구하여 6시그마 활성화를 돕는 측면에서 매우 유용하다.

포스코특수강의 경우 6시그마사무국(개선활동지원팀)과 각 부에서 전임으로 활동하는 6시그마 전문가(MBB, BB, QSS Master)로 연구회를 결성하여 6시그마 발전을 선도한다.

포스코 특수강 6시그마 연구회 주요 활동

:: 연구세미나

6시그마 연구회의 기본 토대가 되는 활동으로, 회원 스스로 주제를 정하거나, 회사의 공동 이슈를 선정하여 연구 후 발표한다.
이를 통해 흩어져 있는 6시그마의 지식과 정보를 회사에 필요한 새로운 지식으로 체계화하고 전파한다.

:: 6시그마 교육 프로그램 기획과 교재 개발

회원 사이의 토론이나 협력작업을 통해, 사내 6시그마 관련 교육프로그램을 기획하고, 각종 교재와 교육자료, 강의 차트 등을 편집한다. 또한 연구회원이 강사로 활동함에 따라 강의 방법을 연구 토론한다.

:: 6시그마 프로젝트 지도 경험 공유

회원들이 소속된 각 부분의 6시그마 프로젝트를 지도하면서 얻은 우수사례나 오적용 사례를 공유하여 앞으로 더욱 내실화된 프로젝트를 지도하거나 수행하는 밑거름으로 삼는다.

:: 6시그마 활동 기획

구성원들의 6시그마 활동 참여를 이끌어내기 위한 각종 이벤트 행사나 홍보 전략을 공동 기획한다.

포스코특수강의 경우 6시그마 연구회의 활동이 6시그마 활성화의 중심 역할을 담당했다. 6시그마 교육의 경우 6시그마 사무국과 연구회 사이에 업무 분장으로 매우 효율적이고 질 높은 교육이 이루어졌다.

그 결과 포스코특수강은 외부의 힘을 빌리지 않고 Black Belt 양성 과정을 포함하여 6시그마 관련 교육을 자체 수행할 능력을 단기간에 확보하였다. 6시그마 교재도 사례와 따라하기 중심의 실무적인 교재를 갖추었으며, 일부 교재는 외부 출판을 하기에 이르렀다. 또한 연구세미나를 통해 집약된 내용은 '사례집'이나 기법과 절차의 실무 해설서인 'Hand Book 시리즈' 등으로 발간되기도 했다.

사내의 6시그마 프로젝트 선정과 수행 절차에서 평가/보상 제도의 운영이나 Belt 자격 부여와 인사제도와의 연계 등 6시그마 관련 각종 전략과 제도 시행 시에도 6시그마 연구회는 중요한 역할을 담당했다.

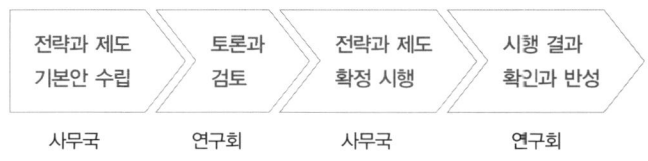

:: 개선 팀 동아리

6시그마 연구회와 더불어 또 하나의 중요한 학습동아리는 프로젝트를 수행하는 개선 팀이 지식경영시스템을 매개체로 사이버 공간에서 동아리를 결성하여 활동하는 방법이다. 보통 6시그마 프로젝트를 수행하는 데 큰 애로사항은 "팀 활동을 할 시간적 여유가 없다."는 점이다. 그래서 리더만이 열심히 하고 팀원들의 참여가 뒤따르지 않는 '나홀로 프로젝트'가 되는 경우가 종종 있다. 개선 팀 동아리 활동은 바로 이 문제를 해결할 수 있다.

사이버 공간에 구성된 동아리에 팀원은 물론, 상위자·관련자가 방문하여 의견을 제시하고 자료를 공유하는 활동은 프로젝트 수행은 물론 6시그마 활동 전반에 생명력을 불어넣을 수 있다.

▶ **포스코특수강의 개선 팀 동아리 한 팀의 초기 화면**

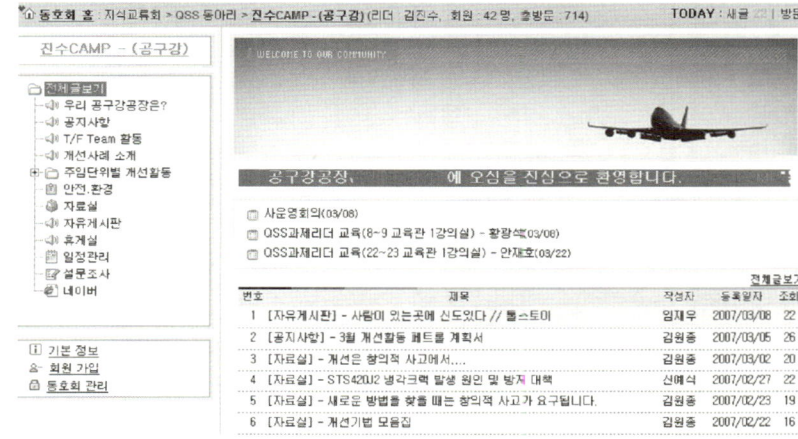

포스코특수강의 경우 조업 현장의 개선 팀(CAMP 조직)을 중심으로 이같은 동아리가 구성되어 활동하는데, 팀 활동에 활력소를 불어넣고 프로젝트 수행에도 실질적인 도움을 얻는 창구 역할을 하고 있다.

10 — 잘못된 재무성과 보상은 오히려 독

강 주임!.
작년에 개선활동 우수 주임으로
뽑힌 도 주임이 회사를
그만두었다면서요.

네.
안타깝게도…

아니 왜요?
최우수 등급 과제로 평가받아
천만 원을 받은 직원이잖아요

네! 오히려 그게
도 주임에게는 독이 된 것
같아요.

▶▶ 성과 보상은 모두가 공정하다고 느낄 때 효과를 발휘한다.
▶▶ 제대로 된 성과 검증과 보상체계, 6시그마 발전의 기초다.

만두와 공갈빵

'공갈빵'이 있다. 겉보기와는 달리 속이 비
어 있어 먹었을 때 배가 부르지 않은 빵이다.
반면 속이 알찬 만두는 크지는 않지만 몇 개
만 먹어도 든든하다. 6시그마 프로젝트의 성
과는 바로 속 알찬 만두 같아야 한다.

공갈빵처럼 부풀려 있으면 보기에는 커 보
이지만 실속이 없다. 또한 제대로 검증 없이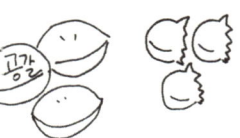
부풀려진 상태 그대로 성과보상을 한다면 6시그마 활동 전체가 신뢰성을
상실하고 만다.

 "6시그마 활동에서 인센티브는 많으면 많을수록 좋은 것
아닌가요?"

"그보다는 얼마나 성과와 잘 연계하여
인센티브를 부여하는지가 더 중요합니다."

 "재무성과야 프로젝트 완료 보고서에 있는 금액 그대로를
기준하면 되지 않나요?"

"성과 산출체계가 제대로 갖추어져 있지 않으면,
그 금액도 부풀려진 경우가 많습니다."

"그렇다면 보상금액을 논하기 전에 성과 산출과 검증체계를 갖추는 것이 중요하겠군요."

"네! 그것이 갖추어지고 제대로 작동된 후, 인센티브를 높이는 것은 바람직합니다."

6시그마 같은 혁신활동이 불신 받지 않으려면…

6시그마 관련한 경진대회나 사례 발표회 등에 가보면 6시그마 프로젝트의 재무성과가 과도하게 산출되어 소개되는 경우를 본다. 이러한 현상은 단기간에 6시그마의 장점을 부각하고 참여를 이끌어내는 효과를 가져올 수는 있다. 하지만 장기적으로는 결코 바람직하지 않다. 구성원들이 재무성과 산출에 거품이 많이 끼여 있다고 느끼기 시작하면 6시그마 활동 전체가 불신을 받게 된다.

더 큰 문제는 재무성과 산출과 비례하여 과도한 인센티브가 제공될 경우다. 물론 6시그마 프로젝트에서 인센티브는 활성화를 위해 없어서는 안 되는 필수불가결 요소다. 또한 때에 따라서는 많은 인센티브를 제공하는 것이 6시그마 참여를 촉발하는 좋은 당근이 될 수 있다.

하지만 전제 조건이 있다. 그것은 바로 제대로 된 성과 산출과 검증 체계이다. 이러한 체계가 작동되지 않는 상태에서 과도한 인센티브를 부여하면 오히려 부작용이 커진다.

즉, 프로젝트의 질적인 발전 없이 재무성과만 점점 부풀려지고, 이를 악용하는 경우까지 생기면 6시그마 활동이 후퇴할 수도 있다. 따라서 제대로 된 재무성과를 산출하는 기준과 성과검증 체계를 갖추는 것은 6시그마 발전을 위해 꼭 짚고 넘어가야 할 중요한 사항이다.

6시그마 프로젝트의 재무성과가 회사 내부의 금고로 들어가게 하는 것, 즉 회계상의 이익으로 직접 연계되게 하는 것은 마우 힘든 작업이다. 더구나 프로젝트의 숫자가 많아질수록 프로젝트 성과의 합 전체가 회사의 재무이익으로 정확히 연결되는 것은 사실상 불가능에 가깝다.

하지만 일치되지 않는다 하더라도 최대한 회사의 재무이익과 가깝게 가야만 6시그마 활동은 진정으로 박수를 받게 된다.

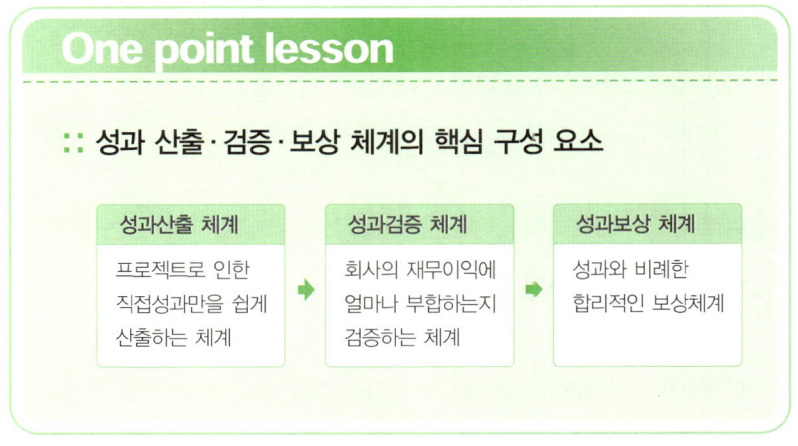

One point lesson

:: 성과 산출·검증·보상 체계의 핵심 구성 요소

성과산출 체계		성과검증 체계		성과보상 체계
프로젝트로 인한 직접성과만을 쉽게 산출하는 체계	→	회사의 재무이익에 얼마나 부합하는지 검증하는 체계	→	성과와 비례한 합리적인 보상체계

재무성과를 제대로 산출하기 위한 4가지 원칙

:: 직접성과 지표만으로 좁혀라

프로젝트의 성과를 표시하는 'CTQ Score' 상의 CTQ 명을 최대한 프로젝트로 말미암아 직접 영향받는 항목으로 좁혀야 한다. '불량률' '실수율' '정지시간' 같은 상위지표를 프로젝트의 성과지표로 삼으면 성과의 부풀림이 발생한다. 프르젝트 외에 다른 노력 요소가 들어가거나, 환경적 변화요인이 지표를 좋아지게 했는데도 마치 프로젝트 하나의 성과로 포장하는 것은 문제이다. 따라서 프로젝트의 개선 실행 내용이 직접 영향을 미치는 한정된 지표를 제시하고, 이 지표의 상승분만으로 성과를 산출해야 한다. 예를 들면 다음과 같다.

- 불량률 → ○○제품 표면 찍힘 불량량, ○○공정 ○○작업 불량률
- 실수율 → ○○장치 절단길이 감소량, ○○공정 연마 로스율
- 정지시간 → ○○사고 정지시간, ○○원인 대기시간

:: 직접이익만을 골라내라

회사의 재무이익으로 정확히 연계되는 부분만을 최대한 골라내야만 성과의 부풀림이 없어진다. 보통 프로젝트의 재무성과는 회사 금고로 연결되는 '직접이익'과 그렇지 않은 '기회이익'으로 구성되어 있다. 바로 이 '직접이익'을 산출하는 체계를 갖추어야 한다.

▶ **포스코특수강의 프로젝트 재무성과 산출 체계 예**

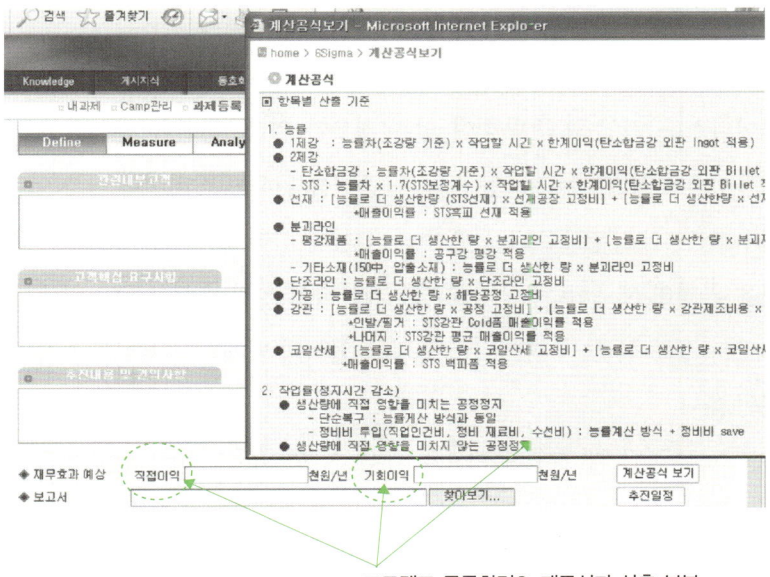

프로젝트 등록화면으 재무성과 산출 부분

예를 들어 작업 능률을 올린 경우 전체 판매량까지 올렸으면 판매이익을 재무성과로 인정해야 하지만, 그렇지 않으면 해당 공정의 고정비 감소 정도만을 성과로 잡아야 한다. 인건비 절감의 경우도 줄어든 인력이 타 업무를 한다면 '기회이익'으로 잡아야 한다.

포스코특수강의 경우 6시그마 프로젝트 관리시스템에서 프로젝트를 등록할 때 반드시 직접이익과 기회이익을 분리하여 표시하게 하고 있으며, 각 사례별로 '직접이익' 산출 공식을 제공한다. 물론 이 룰에 따라 산출한 것만 프로젝트의 재무성과로 인정한다.

:: 마이너스(−) 효과를 빼라

프로젝트의 개선안은 100% 플러스(+)적인 효과만을 내는 것이 아니라 마이너스(−)적인 요인이 섞여 있는 경우가 있다. 품질을 높이려면 일부 생산성 하락을 가져올 수 있고, 능률 증대를 위해 인건비 부담이 늘어나는 경우도 있다. 그런데 프로젝트 효과를 살펴보면 이러한 마이너스적인 요인은 완전히 배제한 채 유형효과를 계산하여 성과의 부풀림이 발생한다. 따라서 성과 산출 시 마이너스 효과를 철저히 따져보고 계산에 반영하는 것이 옳다.

포스코특수강의 경우 유형효과 계산 시 마이너스 효과 파악을 의무로 하고 있다. 설사 마이너스 효과가 없더라도 왜 없는지를 기술하게 하고, 마이너스 효과가 발생하지 않았음을 데이터로 증명하게 하고 있다.

:: 중복 효과를 덜어내라

마지막으로 재무성과 산출의 정합성을 높이기 위한 고려 사항은 중복 효과를 덜어내는 것이다. 타 프로젝트나 제안 같은 다른 개선활동과의 중복성 여부를 따져보아, 개선내용이나 효과 산출이 겹치는 부분이 있으면 그 부분을 빼내야 한다.

포스코특수강의 경우 지식경영 시스템으로 모든 개선활동의 세부내용까지 전 직원이 공유하여 사전에 중복을 방지하며, 성과 검증 시에도 이 부분을 중점 점검한다.

성과 검증과 평가 시 고려 사항

:: 사후관리 실적을 평가하라

프로젝트 평가를 위한 성과 검증 시 성과 금액의 정합성은 물론 그 효과가 지속적으로 유지될지를 중요하게 보아야 한다. 따라서 평가는 프로젝트를 완료하고 최소 3개월 이상 지나서 하는 것이 좋다. 즉, 개선안이 현업에 적용되어 실제 효과가 발생하는 것을 기준으로 평가한다. 3개월이 지났더라도 각 달의 효과 편차가 크다면 몇 달 더 지난 다음 평가해야 한다.

포스코특수강의 경우 프로젝트의 사후관리 실적을 중요시하고 모든 평가의 기본 잣대로 하고 있다. 모든 프로젝트는 완료 후 3개월 이상 사후관리 실적이 들어가야 평가를 요청할 수 있으며, 이 사후관리 실적을 연간으로 환산한 것을 성과 금액으로 한다.

:: 재무 프로젝트와 비재무 프로젝트를 확실히 구분하라

프로젝트 평가의 첫 단계는 성과의 유형에 따라 '재무 프로젝트'와 '비재무 프로젝트'로 나누는 것이어야 한다. 즉, 직접이익을 남기는 프로젝트는 '재무 프로젝트'로 평가하고, 사무 생산성이나 만족도 등 직접적인 재무 성과를 발생하지 않으면 '비재무프로젝트'로 분류하여 평가 기준을 완전히 달리해야 한다.

포스코특수강의 경우 프로젝트 리더가 분류를 선택하여 평가 요청한다. 재무 프로젝트로 선택한 경우에는 금액 효과로, 비재무 프로젝트는 공정 능력 향상 점수(30점), 프로젝트 충실도(40점), 난이도(30점)를 기준으로 평가를 받는다.

:: 성과 검증은 온라인과 오프라인을 병행하라

성과 검증은 가능한 한 온라인으로 이루어지는 것이 좋다. 프로젝트 완료 보고서, CTQ 지표와 성과 산출을 중심으로 한 사후관리 실적이 온라인에 집적되고 성과 검증을 통해 평가가 완료되는 체계를 갖추면 된다. 하지만 성과 검증의 정합성을 높이려면 오프라인에서 이루어지는 실사 또한 병행하는 것이 필요하다. 특히 재무성과가 큰 우수 프로젝트는 실사가 중요하다. 실사에는 그 분야의 전문가와 객관적 처지에서 성과를 검증할 수 있는 재무담당 직원이 반드시 포함되어야 한다.

포스코특수강의 경우 1차 평가는 온라인인 프로젝트 관리 시스템에서 이루어지며, 1차 평가 결과 우수 프로젝트(S, A급)로 평가된 프로젝트는 2차 평가 위원단을 구성하여 오프라인 평가를 한다. 오프라인 평가는 실사를 통해 개선안의 실행 여부, 표준화와 함께 사후관리 지표와 성과 금액을 검증하여 최종 평가 등급을 확정한다.

:: 개선효과 유지 가능성을 따져보라

프로젝트 평가를 위한 실사와 성과 검증 시 또 하나 중요하게 따져보아야 할 점은 개선효과 유지 가능성이다. 즉, 지금 당장의 성과가 앞으로 계속 이어질지에 관한 사항을 보는 것이다.

One point lesson

:: 개선효과 유지 가능성 평가 기준

체크 항목	평가 기준		
	양호	보통	미흡
개선안 도출과 선정 타당성	B/M, 이론검토, DOE, 통계분석 등 명시적 자료에 따라 실시	개선안 도출과 선정 중 하나만 명시적 자료에 따라 실시	개선안 도출과 선정 모두 팀원의 정성적 평가로 실시
개선안 실제 적용 여부	모든 개선안 적용, 조사 시 실시 확인	확인결과 개선안 적용 미발견	확인결과 일부 개선안 미적용
이해관계자 개선 이해도	모든 개선안 충분히 이해	일부 개선안 이해하지 못함	개선안 대부분 이해하지 못함
관리계획, 표준화, 교육 정도	모든 개선안 문제예방측면 고려, 관리계획/표준화/관계자 교육 양호	관리계획/표준화/관계자 교육 양호, 문제예방 측면은 미고려	관리계획/표준화/교육측면 누락
사후관리, 안정성	완료시점 지표에 근접, 편차 안정적(개선량 20% 이내)	하나 이상 완료시점 지표를 많이 벗어남(개선량 21~80%)	하나 이상 개선 전과 비슷(개선량 80% 초과)

포스코특수강의 경우 2차 평가 시 이 부분을 점수화하여 반영하며, 점수가 낮으면 평가를 보류하고 사후관리 실적을 2~3개월 더 본 뒤 평가한다.

:: 성과와 비례하여 보상하라

프로젝트의 성과에 대한 보상은 보상금, 상품, 마일리지 적립 등 다양한 방법이 있고 기업의 형편에 따라 결정할 수 있다. 중요한 점은 성과와 얼마나 연계되느냐이다. 보상금은 성과 금액의 몇 %로 정할 수 있고, 등급을 나누어 등급별로 보상금액을 책정하여 지급할 수 있다. 어느 쪽이나 성과 산출과 검증체계를 제대로 갖추지 않으면 문제 발생 소지가 높지만, 특히 성과의 몇 % 보상금 지급은 위험할 수 있다. 또한 보상의 시기와 리더 외 팀원에게도 적절한 보상이 돌아가게 하는 것도 6시그마 활동 활성화를 위해 고려할 점이다.

포스코특수강의 경우 5단계 평가 등급(S, A, B, C, D)에 따라 보상체계가 구성되어 있다. 이 가운데 S, A급으로 최종 평가된 프로젝트에 대한 보상금 지급은 평가 직후 보상금의 50%, 사후관리 1년 후 성과에 따라 나머지 50%를 지급한다. 또한 CAMP로 부르는 조업현장의 개선동아리에 대해서는 프로젝트 완료 보상금과 별도로 등록 시 소정의 활동비를 지급한다. 팀원에 대한 보상은 프로젝트 평가등급에 따라 마일리지가 생성되고, 그 마일리지를 리더가 활동 기여도에 따라 배분하는 방법을 적용한다.

▶ 포스코특수강 평가 보상 프로세스

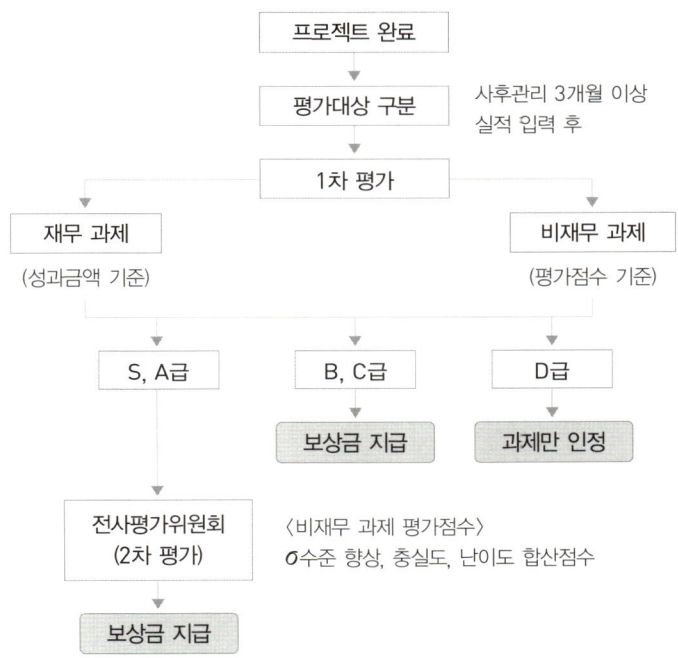

프로젝트 완료

평가대상 구분 — 사후관리 3개월 이상 실적 입력 후

1차 평가

재무 과제 (성과금액 기준)   비재무 과제 (평가점수 기준)

S, A급   B, C급   D급

보상금 지급   과제만 인정

전사평가위원회 (2차 평가) 〈비재무 과제 평가점수〉 σ수준 향상, 충실도, 난이도 합산점수

보상금 지급

11 — 6시그마 자체 교재는 새로운 도약의 전기

강 주임, 이 교재 보고
6시그마 공부
열심히 하세요.

아니, 뭔 교재가 항상 이 모양
이죠. 우리 사례도 아니고,
딱딱하기만 하고….

6시그마 교재가 다 그렇죠, 뭐

그래도 교재가 마음에 들어야
공부할 맛도 나지 …

시사점

▶▶▶ 6시그마 도입 초기부터 자체 교재를 갖기 위한 준비를 해야 한다.
▶▶▶ 6시그마 교재의 수준은 6시그마 활성화의 중요한 척도다.

자체 6시그마 교재를 갖는다는 것은

6시그마 활동에서 자체 교재를 갖는다는 것은 말처럼 쉽지 않다. 6시그마에 관한 지식이 수준급에 도달한 전문가를 보유해야 하고, 그 기업 나름의 6시그마 문화가 정착되어야 비로소 자체 교재를 만들 환경이 조성된다.

설사 6시그마 교재를 만들 여건이 되더라도 실제 교재 편집 착수는 또다른 의지가 수반되어야 가능하다. 따라서 6시그마 추진 연혁은 오래 되었지만 자체 교재 편집을 등한시 하고 외부 교재를 그대로 사용하는 기업을 종종 본다.

하지만 6시그마 활동이 한 단계 발전하고 성숙하려면 반드시 자체 교재를 하나씩 만들고 이를 다듬어 나아가는 것이 무엇보다 필요하다.

"6시그마 교재야 외부 전문가들이 잘 만들어 놓은 것이 있는데, 그것을 그냥 사서 사용하면 안 되나요?"

"물론, 가능합니다.
특히 6시그마 도입 초기라면 부족한 것이 많으니, 외부 도움을 받아야죠.
하지만 어느 정도 수준에 오르고 전문가를 육성하게 된 시점에서는 자체교재를 사용하는 것이 좋습니다."

"그러면 외부 교재보다 아무래도 부실한 점이 많을 텐데요."

"첫 술에 배부를 수 있나요.
하지만 교재를 스스로 만들기 시작하면
이점이 많습니다."

"어떤 점이…"

"교재 편집에 참여한 사내 전문가의 능력이
올라가고, 교재를 보는 직원들도 몸에 맞는 옷을
입는 듯한 느낌을 받을것 입니다."

One point lesson

:: 교재의 종류

6시그마 교재 라인업 구성에는 다음 3가지 형태가 필요하다.

- **주교재:** MBB, BB, GB 등 Belt 양성용 주 Text
- **보조교재:** 기법별 'Hand Book' 시리즈 등 보조용 교재
- **사례집:** 6시그마 프로젝트 사례집, 활동 사례집 등

자체 교재 편집의 장점

6시그마 교재 편집은 6시그마 지적 활동에서 가장 높은 수준에 위치한
다고 볼 수 있다. 즉 6시그마 활동 단계에서 6시그마에 관한 학습을 하는
것이 처음이라면, 이보다 높은 수준은 자기가 알고 있는 내용을 강의하는

것이라 할 수 있다. 6시그마 이론을 깨우치고 있어도 실제 남에게 강의하는 것은 또 다른 능력이 요구된다.

이 같은 강의보다 더 높은 수준이 바로 교재를 편집하는 것이다. 6시그마 관련 이론과 실무를 체계적으로 정립하지 않으면 제대로 된 교재를 편집할 수 없기 때문이다.

즉, 교재 편집은 단순히 책을 만든다는 개념을 넘어 회사 내부의 6시그마 활동 방법론을 정립하고, 사내 6시그마 전문가의 수준을 높일 기회를 갖는 작업이다.

6시그마 자체 교재를 만드는 4가지 기준

:: 회사 정서에 맞는 사례를 사용하라

어떤 교재든 이해도와 실무 활용도를 높이려면 사례를 많이 사용해야 한다. 6시그마 교재 또한 사례를 많이 인용하는 것이 좋은데, 이때 사용하는 사례는 주로 회사 내부의 업무 사례나 내부 구성원이 공감할 사례라야 한다.

서비스업에서 제조업의 사례를 사용하거나, 철강 회사에서 전자 회사 사례를 이용하면 아무리 6시그마 베이직이 같다고 하더라도 수용력은 떨어진다.

:: 눈높이에 맞춰 쉽게 만들어라

6시그마 사내 교재는 피교육생이 읽었을 때 쉬워야 한다. 특히 현장 직원용 교재는 이 점에 더욱 신경 써야 한다. 교재가 어려우면 교육 참여도가 낮아지고, 낮은 교육 참여도는 결국 기업 구성원에게 6시그마를 멀어지게 한다. 따라서 교재 집필가의 눈높이에서 "이 정도면 알겠지…"라는 자세는 절대 금물이다. 실전 사례와 친절한 부연 설명은 물론이고, 때에 따라서는 단순 서술식보다는 '대화식' '소설식' 표현도 들어가는 것이 좋다. 또한 삽화나 만화를 부분적으로 활용하면 효과가 크다.

포스코특수강의 경우 사내 교재로 개발되었다가 외부 출판한 '실행하기 쉬운 6시그마' 시리즈나 보조 교재로 개발된 '6시그마 Hand Book' 시리즈도 이 같은 개념에서 구성된 교재이다.

:: 때로는 따라하기 식으로 구성하라

일방적으로 내용을 설명하는 형식의 일방향 교재 또한 바람직하지 않다. 특히 6시그마 사내 실무 교재에서 이러한 형식은 교육의 효과를 떨어뜨린다.

따라서 바람직한 형태는 따라하기 식의 쌍방향이 좋다. 꼭 알아야 할 핵심내용을 선별하여 피교육생이 직접 실습할 수 있게 구성하면 피교육생의 참여도가 높아짐은 물론이고 실무 체험을 통해 내용을 완전히 자기 것으로 소화하게 된다.

포스코특수강의 경우 대부분의 사내 6시그마 교재가 이러한 형식으로

되어 있다. 예를 들어 현장 6시그마 개선리더 교재는 강의를 통해 기본적인 내용만 학습하고 실제 현장의 문제를 교재에 있는 양식에 기입해 보는 형식으로 구성되어 있다. 이렇게 실습한 것을 교육 중에 발표하고, 지도 강사에게 교정 받는 과정을 거친다.

▶ **포스코특수강 교재 일부**

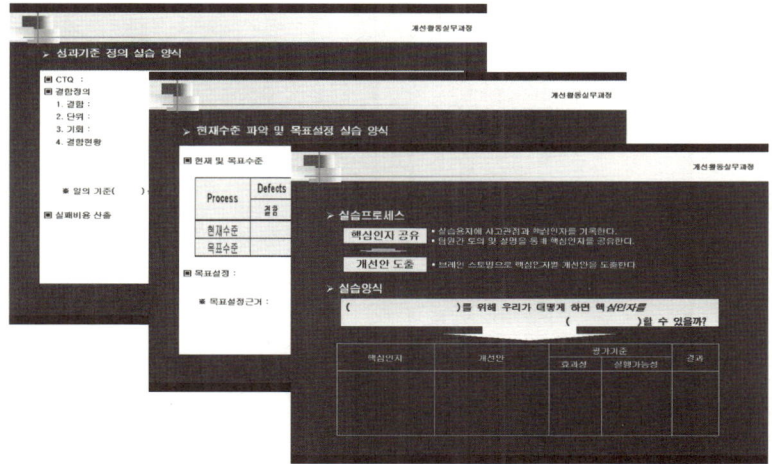

:: **강의 차트와 교재는 구분하라**

일반적인 BB, GB 같은 6시그마 교재를 살펴보면 강의 차트와 교재를 구분하지 않는 경우가 대부분이다. 즉, 강의를 위해 만든 차트를 그대로 엮어 교재화하는 형태이다.

▶ **교재와 강의차트 비교 예**

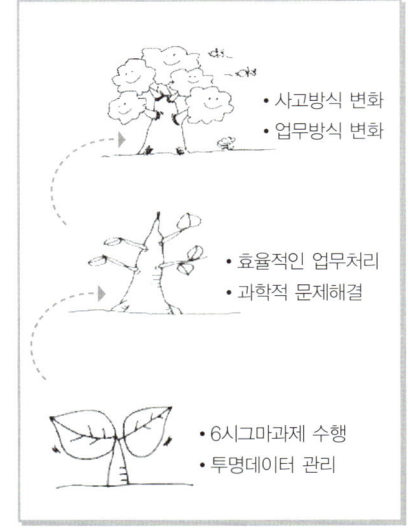

◎ 6시그마활동은?

6시그마를 글자 그대로 해석한 통계적 의미로는 산포
를 줄여 불량 확률을 3.4ppm 정도까지 극도로 낮추
는 의미가 있다. 그러나 6시그마 활동은 이러한 통계
적 의미가 전부만은 아니다.

앞서 설명한 것처럼

– 우리의 품질 관점을 경영전반의 활동으로 넓히고

– 고객의 요구 사항을 중심으로 문제를 찾으며

– 찾아낸 문제는 데이터에 의해 정보화하고

– 문제를 일으키는 근본 원인을 찾아 과학적 기법으
로 개선하는 수단의 의미가 있다.

◎ 6시그마활동을 전사적으로 하다 보면

우리의 의식과 행동, 업무방식 등 기업문화가 바뀌게
되고 수익성 향상과 고객만족을 제고시켜 나가는 종
합적인 경영혁신운동으로 발전할 것이다.

• 사고방식 변화
• 업무방식 변화

• 효율적인 업무처리
• 과학적 문제해결

• 6시그마과제 수행
• 투명데이터 관리

〈교재〉   〈강의 차트〉

그런데 이 방법은 단기간에 교재를 만들기 쉽겠지만 고객인 피교육생에
게 주는 도움은 적다. 강의 차트 형식의 교재는 반드시 강의를 들어야만
내용을 이해할 수 있는 경우가 대부분이다.

가장 이상적인 교재는 강의를 듣지 않고 교재만 보아도 이해되는 것이다.

올바른 교재 작성 방법

MBB 같은 전문가 개인의 능력에 맡기는 교재 작성방법은 바람직하지 않다. 개인이 지닌 지식과 기존 참고자료를 발췌하여 책상에서 만든 교재는 내용이 부실해질 수밖에 없다.

따라서 전문가들이 연합하여 토론과 세미나를 거쳐 만들어야 제대로 된 교재를 만들 수 있다.

포스코특수강의 경우 '6시그마연구회'가 각종 교재의 기획부터 완성 단계에 이르기까지 주축이 된다. MBB, BB 등 전문가로 구성된 동아리 회원들이 토론을 거쳐 교재의 작성 방향이나 형식을 결정하고 작성을 분담한다. 개별 작성된 내용은 세미나 형식으로 발표하고 토론을 거쳐 보완한다. 이렇게 구성된 초안을 종합 리뷰를 거쳐 감수한 다음 최종 완성본을 내놓는다.

이와 같이 전문가들의 협력을 통해 교재를 만들면 교재 내용이 충실해질 뿐만 아니라 저마다 조금씩 다를 수 있는 6시그마 개념이 하나로 통일되어 일관성을 갖춘 교재가 만들어진다.

이 과정에서 사내 6시그마 전문가들의 능력과 회사의 6시그마 활동 수준은 자연스럽게 올라가는 것은 덤이다.

12 6시그마 성공의 열쇠는 실행력이다

▶▶ 6시그마 실행력의 근원은 숙명처럼 받아들이는 '수용성'이다.
▶▶ 현장을 움직이는 힘은 격려와 성공체험을 통한 자기실현이다.

"원 MBB님, 6시그마 이래도 되는 겁니까?
프로젝트만 던져주고 나 몰라라 하는데 1억 원도
언감생심 아닙니까?"

"자네 말이 맞네. 대부분 회사들이
프로젝트만 정할 줄 알았지 실행력을 높이는 노력은
덜 한다네. 줄 것은 주고 가르칠 것은
가르쳐야 기대하는 만큼 성과를 낼 수 있는데도 말이야."

6시그마 성공의 열쇠는 실행력

"잘못된 전략이라도 제대로 실행만 하면 반드시 성공할 수 있다. 반대로 뛰어난 전략이라도 제대로 실행하지 못하면 반드시 실패한다."는 선마이크로시스템스 CEO 스콧 맥닐리(Scott Mcnealy)의 말을 6시그마에서도 새겨볼 필요가 있다.

현 시대에서 가장 각광받는 경영혁신의 툴 가운데 하나가 6시그마이긴 하지만 실행력이 뒷받침되지 않으면 무용지물이 된다는 교훈을 얻을 수 있다. 실제로 6시그마를 도입한 회사 가운데 실행력을 확보하지 못하여 경영전략의 한 페이지로만 남아 있는 경우가 많다.

그렇다면 어떻게 실행력을 확보할 수 있을까? 이 물음의 해답은 비즈니스의 다양성만큼 복잡하지만 모든 기업이 공통적으로 적용할 만한 몇 가지 항목은 있을 것이다.

먼저 수용성을 높여라

6시그마를 동인으로 성공 가도를 달리는 회사를 살펴보면 실행력의 근원을 알 수 있다. 전 직원이 6시그마를 배척하지 않고 적극적으로 받아들인다. 귀찮고 힘들 때도 있지만 6시그마 프로젝트나 교육훈련 프로그램에 묵묵히 참여한다. 특히 생산현장에서 일하는 직원들은 특별수당을 지급하거나 시간을 할애하지 않더라도 주어진 일을 해낸다. 마치 숙명처럼 6시그마를 받아들이고 실행한다. 더 좋은 모습으로 발전시키기까지 한다.

반면에 실패한 기업의 모습은 어떤가? 불평 불만이 난무하고 부서간, 직원간에 커뮤니케이션은 단절되기 일쑤다. 노사관계는 팽팽한 힘겨루기에 익숙해져 있고 아무리 좋은 아이디어라도 직원들은 받아들이려 하지 않는다. 이런 기업은 절세명검을 손에 쥐어줘도 썩은 무 하나 베지 못할 것이다.

따라서 6시그마 실행력의 핵심 키워드는 바로 '수용성'이다.

:: 성숙한 노사문화는 개선활동의 토양

척박한 땅에 씨를 뿌리고 꽃을 피우기는 너무나 어렵다. 마찬가지로 개선활동이 뿌리를 내리려면 노사문화가 먼저 성숙해야 한다. 6시그마를 협상 테이블에 올리고 노사간에 힘겨루기하는 회사라면 당장 6시그마를 그만두어야 한다. 그렇지 않으면 6시그마 자체가 엄청난 낭비가 되어 돌아올 것이다.

포스코특수강은 '노사관계'라는 용어가 무색해진 지 오래다. 개선활동에서는 더욱더 너와 내가 없다. 흙먼지를 뒤집어쓰고 청소도 함께하고 개선활동을 즐거운 페스티벌로 만들어간다. 포스코특수강 개선활동의 토대는 '신바람 나는 노사문화'에서 솟아나는 수용성임을 그 누구도 부인하지 않는다.

▲ CEO와 근로자대표가 함께하는 모습

:: 몸에 맞는 옷을 걸쳐라

어린아이든 어른이든 불편한 옷을 입히면 금방 벗어버리고 더 입으려하지 않는다. 6시그마도 마찬가지다. 선진회사의 방법론이 좋다고 무조건 받아들이거나 현실을 고려하지 않은 교과서적인 잣대를 들이대면 받아들이기 어렵다. 그러므로 현재 우리 회사 수준에 맞는 6시그마방법론을 개발하고 실행하는 것이 수용성을 높일 지름길이다.

포스코특수강은 6시그마 도입 당시 가난한 집 장남이었다. 부잣집 막내아들처럼 좋은 옷을 입을 수 없었고 훌륭한 6시그마 선생님에게 과외수업도 받을 수 없었다. 그러다 보니 스스로 공부하고 우리만의 전략과 방법론을 만들었다. 정통적인 관점에서 보면 조금 엉성할 수도 있지만 우리에게는 더없이 편하고 역동적인 옷을 얻은 셈이다.

선진회사를 무조건 따라하면 아무리 최선을 다해도 2등밖에 못한다. 1등을 하고 싶으면 자신의 몸에 맞는 옷을 입어야 함을 잊지 말자.

현장을 움직여라

6시그마 전략은 거의 다 현장으로 귀결된다. 프로젝트의 개선 아이디어도 현장에서 적용된다. 따라서 '현장의 실행력이 어느 정도인가?'에 따라 실질적인 6시그마 성과가 결정된다.

그렇다면 현장의 실행력을 어떻게 높일까? 아무리 궁리해도 사람을 움직이는 방법밖에 떠오르는 것이 없다. 아무리 좋은 설비, 좋은 재료, 좋은 방법을 가지고 있어도 그것을 운영하는 사람이 변하지 않으면 소용없기 때문이다.

:: 칭찬은 고래도 춤추게 한다

거대한 범고래를 춤추게 하는 것은 강압적인 조련방법이 아니다. 강한 신뢰를 바탕으로 긍정적인 관심과 칭찬, 그리고 격려가 이어질 때 가능하다. 현장도 이와 다르지 않다. 6시그마를 현장까지 뿌리내리기 위해 다양한 아이디어를 내보지만 번번이 실패하는 이유도 여기에 있을 것이다.

포스코특수강은 현장 직원들이 다 함께 춤추는 그날을 위해 끊임없는 칭찬과 격려활동을 펼친다. 임원들이 이 일을 주관하는데, 일주일에 세 번 이상 현장을 방문한다. 직원은 자신이 현재 추진하는 크고 작은 개선 내용을 자랑하고 임원은 격려한다. 처음에는 조금 어색하고 쑥스럽지만 어느 정도 시간이 지나면 서로 칭찬 받기를 주저하지 않게 된다.

▶ 임원들이 현장 직원을 만나 격려하는 모습

:: 작은 것 하나라도 성공을 체험하게 하라

또 하나 현장 직원을 움직이는 데 중요한 것은 자기실현의 욕구를 만족하게 만드는 것이다. 자발성과 지속성에서 그 어떤 물질적인 보상보다 훨씬 위력적이다. 자기실현의 욕구는 아주 작은 것이지만 스스로 성공을 체험할 때 채워진다.

포스코특수강 현장 직원들은 저마다 자신의 개선 테마가 있다. Mega Y, Big Y 같은 전략적 프로젝트에서 나온 말단 실행 과제일 수도 있고 직원 스스로 발견한 개선기회일 수도 있다. 임원, 공장장은 전 직원이 성공을 체험하게 격려하고 애로사항을 해결해 줄 뿐이다. 상상해 보라. 성공의 맛을 본 1,000여 명의 직원이 움직이는 현장을…

▶ 현장 직원들의 성공체험 테마 리스트

개선과제	세부개선과제	지표		추진일정	추진방법	담당자
		현수준	목표			
연마 Loss 감소	연마기 작업등 조도개선으로 크랙식별 능력 개선	기준없음	300룩스	06.11.~	관리방법개선	이문수,박정윤
	압주탕부 불건전부 연마 검사 강화	일상	필수	즉시실천	관리방법개선	우영환,구영간
	압연발행 표면검사 확수롤대로 결함방지	1회/면	2회/면	06.11.~	관리방법개선	김영근,김석효
	연마기 대차차륜 수량관리로 연마표면 개선	없음	진동확인	즉시실천	체크시트	김태부,김흥복,박효준
	부분연마 적용 범위 확대를 위한 기준 정립	치수별	감홍별	06.11.~	Data 관리	박형호,최재홍,유현일,김현근
	빌레트 수동연마 대상연마 감축을 위한 자동연마 및 검사기준 수립	1회/면	2회/면	06.11.~	체크시트	이문수,강남주,김진수
STS 레식강 빌레트 절단 스크랩 감축	입고소재 결합검사후 투입전 연마 제거	10%	50%	~06.12	GB교체	정종주,김윤진,전성국,안현탁
	절단기 나이프 정도관리로 절단량 최소화	교체주기	3mm max.	~06.12	체크시트	주옥환,김형기,오세부,이광태
	절단 최소화 최적 절단기준 수립	15%	최소	~06.12	GB교체	김현근,김상문,안병환,김정수,조일제
연마 Loss 감소	부분연마 적용 범위 확대를 위한 기준 정립	치수별	감홍별	06.11.~	Data 관리	박형호,최재홍,유현일,김현근
	Ingot/Bloom 표면결합 검사 면적 확대	1면	3면	06.11.~	체크시트	주효익,신통기,문봉구,안상호 강형미,유창성,송문재,박신근
	압주탕부 불건전부 연마 검사 강화	일상	필수	즉시실천	관리방법개선	우영환,구영간,황룡대
	Ingot/Bloom 연마기 결함검동능력 개선 -연마기 기능 보완 및 운전환경개선	선속3단계	선속5단계	~'07.4	경상투자	유일,김진수,이문수
봉강 절단 및 가공 스크랩 최소화	봉강 주문길이 및 압연길이 최적 조건 설정	-		06.11.~	즉시개선	유일,김진수,박형호,안병환
	HV 봉강 압연라인 취입성 개선방안 도출 -소재 형태/강홍별 중간절단 기준 수립 -선단부 벤딩 개선방안 도출	-	페곱최소	06.11.~	표준화	권수현,이룡은,정영국,이영토 주옥환,김형기,오세부,이광태
	HV 봉강 압연라인 치수별 투입소재 규격 최적화	3단계	최적단계	06.11.~	체크시트	박용석,황환석,권수,김찬열
	HV-Mill 치수 정밀도 향상을 위한 봉강 Pass Schedule 표준 제정	0.5mm↓	0.3mm↓	06.11.~	체크시트	조병부,강여조,안채호,홍창수
	규격별 강과 압연 실물이 체크후 품질설계 길이 반영(절단스크랩 최소화)	적중률 70%	적중률 90%이상	06.11.~	체크시트	유형일,홍성May,전동배,박소원,한명철

S
SIGMA 프로젝트 편
X

13 — 프로젝트 추진의 기본절차
꼭 지켜야 하나

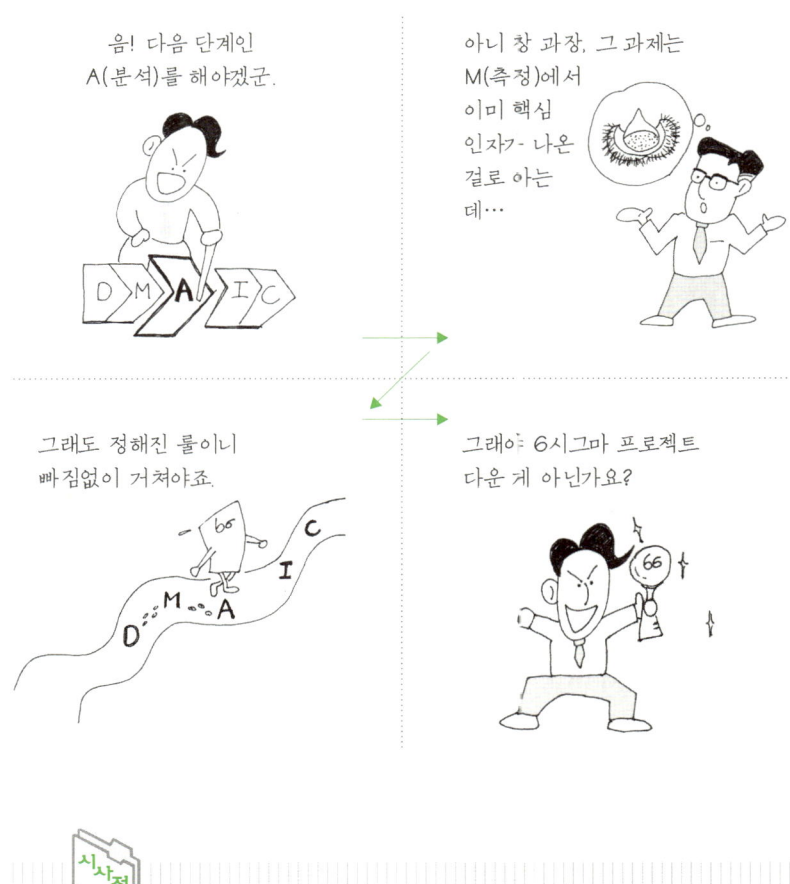

음! 다음 단계인
A(분석)를 해야겠군.

아니 창 과장, 그 과제는
M(측정)에서
이미 핵심
인자가 나온
걸로 아는
데…

그래도 정해진 룰이니
빠짐없이 거쳐야죠.

그래야 6시그마 프로젝트
다운 게 아닌가요?

시사점

▶▶ DMAIC 기본절차에 충실하되 그 자체에 얽매이지 말라. 죽음이다.

▶▶ 소모적인 6시그마가 되지 않으려면 유연하게 파괴하라.

"자네마저 오해하고 있군. DMAIC 추진절차를 다 거치는
것이 6시그마 다운 것이라고 누가 말하던가?"

"GB교육 받을 때 귀가 아프도록 들었어요.
반드시 기본절차를 지켜야 한다고…"

"교육과정에서는 당연하지.
그리고 프로젝트를 두 건 정도 소화할 때까지도 마찬가지야.
6시그마에서는 DMAIC가 그래도 정석이니까."

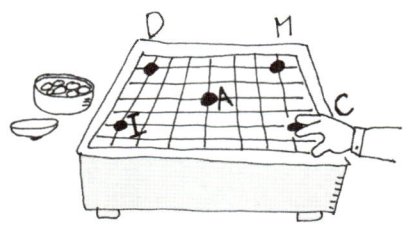

DMAIC 추진절차는 기본 룰이지만

6시그마는 DMAIC라는 잘 짜여진 추진절차를 제공한다. 프로젝트를 성
공적으로 이끌어주는 일종의 룰이라고 볼 수 있는데 프로젝트 수행자들이
논리적인 사고(Logical Thinking)를 하게 도와주며, 각 단계별로 반드시
달성해야 할 미션을 제공함으로써 프로젝트 리더가 무엇을 해야 할지 알
게 한다.

그래서 6시그마 교육과정의 커리큘럼도 이 절차를 기준으로 짜고 있으
며, 각 단계별로 필요한 지식과 기술을 습득하게 하고 있다.

∷ DMAIC 기본절차 5단계

- **Define (정의)**   프로젝트를 왜 해야 하는지 정의하는 단계이다. 해결
  해야 할 '문제'를 명확하게 알게 한다.
- **Measure (측정)**   문제를 계량화하고 측정 가능한 지표로 구체화한다.
  'CTQ (Critical to Quality)'를 정한다.
- **Analyze (분석)**   CTQ에 영향을 미치는 원인(X's)을 밝히는 단계이다.
  주로 통계분석을 통해 '핵심인자(Vital Few)'를 고른다.
- **Improve (개선)**   핵심인자에 대한 해결안을 도출하고 실행한다. '최적
  안(案)'임을 확신할 수 있어야 한다.
- **Control (관리)**   개선 결과를 검증하고 '프로세스 컨트롤'을 지속적으
  로 실행한다.

프로젝트를 처음 수행하는 사람들에게는 이 절차를 무조건 따라하게 권고한다. 그러나 6시그마 기본기와 프로젝트 실행력이 어느 정도 쌓이면 정해진 룰을 무조건 따라야 할지 의문을 갖게 된다. 왜냐하면 현실 문제의 다양성을 기본 룰에 짜맞추는 것이 얼마나 융통성 없는 일인지 경험하기 때문이다. 기업이 안고 있는 모든 문제를 6시그마 프로젝트 범주로 끌어들일 경우에는 더욱 그렇다.

그래서 6시그마 내공이 높아진 회사는 룰 자체를 강요하지 않고 자연스럽게 내버려두는 수순을 밟게 된다.

"바둑을 생각해 보게. 처음엔 기본 정석에 따라
돌을 놓다가 어느 정도 수준이 올라가면 정석을 벗어나야
창의적인 수를 두지 않던가."

"그렇다면 DMAIC 기본절차도 파괴할 수
있다는 말이군요. 진작 좀 알려주지…"

"파괴! 좀 과격한 것 같지만 괜찮은 표현이군.
하지만 명심할 것이 있네. DMAIC 룰을 파괴할 때는
그 이유를 반드시 설명할 수 있어야 한다는 것이네.
예를 들어 A단계를 생략하려면 핵심인자가 무엇이며,
어떻게 알아냈는지를 설명할 태세가 되어 있어야 한다는 것이지."

"설명을… 그렇다면 차라리 DMAIC 단계에
맞춰 프로젝트를 꾸미는 것이 더 낫겠어요."

"자네처럼 생각하는 사람들이 의외로 많더군.
하지만 6시그마가 새롭게 진화하려면 반드시 해결해야 할
도전임을 알아야 해."

'맹목적 따라하기'와 '프로젝트 꾸미기'

DMAIC 추진절차는 분명히 필요한 룰이다. 앞서 말했듯이 구조적인 생각과 체계적인 문제해결에 도움이 될 뿐만 아니라 프로젝트 관련자와의 커뮤니케이션을 도와주며, 새로운 문제와 개선기회를 발견하는 기회가 되기도 한다. 그러므로 이와 같은 선의의 목적에서 룰을 지키는 것은 그 누구도 말리지 않는다.

하지만 우리 현실은 그렇게 만만하지 않다. 6시그마를 몇 년 하다보면 이 룰을 지키지 않으면 큰일나는 철칙으로 오해하여 곧이곧대로 따르려는 경향을 보이며(맹목적 따라하기), 심지어 프로젝트를 멋지게 보이기 위한 수단으로 이용하기도 한다.(프로젝트 꾸미기)

이러한 현상은 6시그마를 도입한 거의 모든 회사에서 경험하는데, 변화를 거부하는 사람들에게 '소모적인 6시그마', '형식적인 6시그마' 같은 수식어를 붙일 빌미를 제공하고 6시그마 전체에 찬물을 끼얹는다.

:: 맹목적으로 따라하기

DMAIC 단계별 목적과 유기적인 관계를 이해하지 못한 데서 주로 발생한다. 대표적인 유형은 다음과 같다.

- 정의단계에서 개선기회와 고객의 소리를 정의하면서 CTQ가 명확하게 드러났는데도 CTQ선정 작업을 다시 한다.
- 정의, 측정단계에서 프로세스 분석이나 데이터를 측정하면서 핵심인자가 밝혀졌는데도 분석단계를 수행한다.
- 정의, 측정, 분석단계에서 Quick-win 개선 또는 우선 조치한 내용이 최적안임에도 불구하고 개선단계를 수행한다.

위 유형의 공통점은 앞 단계에서 이미 다음 단계의 미션을 완수한 경우임을 알 수 있다.

:: 프로젝트 꾸미기

'맹목적 따라 하기'보다 나쁜 경우이며, 크게 두 가지 형태이다.
- 부실한 점을 숨기려고 프로젝트 보고서의 분량을 늘린다.
- 6시그마 프로젝트답게 보이기 위하여 무조건 따라한다.

이 유형은 프로젝트 보고서에 금방 드러나는데, 같은 단어와 내용이 반복적으로 표현되고 자신감이 없어 보인다.

유연하게 파괴하라

결론적으로 6시그마 프로젝트의 기본절차는 반드시 지켜야 할 법은 아니다. 하지만 무시해서도 안 된다. 그렇다면 대안은 하나뿐, 조금 모호한 말인지 몰라도 유연하게 파괴하는 것이다.

A단계가 필요 없으면 DMIC만 하고, M, A단계가 필요 없으면 DIC만 하면 된다. 어떤 경우에는 I단계만 해도 된다. 반대로 FORD같이 Replicate (확대적용)단계가 필요하면 한 단계를 추가하여 DMAICR로 해도 된다.

왜냐하면 우리의 목적은 이 시간에도 발생하는 문제를 정확하고 신속하게 해결하는 것이지 6시그마를 위한 프로젝트 수행이 아니기 때문이다.

그러나 프로젝트 리더의 의지만으로는 유연해질 수 없다. 6시그마 전 분야에서 이러한 변화를 수용할 수 있어야 한다. 예를 들면 챔피언과 프로세스 오너는 올바른 질문을 던져야 한다. "A단계가 왜 없어?"라고 하지 않고 "핵심인자가 어떻게 나왔어?"라고 질문해야 한다.

MBB와 BB는 소신을 가지고 프로젝트를 지도해야 한다. 그리고 6시그마 사무국은 프로젝트와 관련한 제도를 유연하게 만들어야 한다. 단순히 '추진절차를 얼마나 잘 따라 했는가?'만으로 평가하는 일은 삼가라는 얘기다.

6시그마의 꽃은 프로젝트임을 명심하자. 프로젝트가 죽으면 6시그마도 죽은 것과 같다. 그러므로 제도와 룰의 노예가 되어 프로젝트 본연의 목적을 상실하지 않게 하는 것이 6시그마를 살리는 길임을 인식해야 한다.

6시그마를 잘 하는 회사에서는 벌써 그 해답을 찾기 위해 Lean, TPS 등과 접목하여 파격적인 변화를 시도하는 중이다.

"6시그마 창시자인 마이클 해리도 추진절차를 반드시 지켜야 한다고 말하지 않았다는군."

"해리가…"

14 — 프로젝트 시작 전에 던져야 할 3가지 질문

자, 프로젝트를 할당 받았으니 열심히 해봅시다.

A팀원은 ○ ○ 데이터 수집 하시고, B팀원은 원인이 뭔지 조사하시고, C팀원은 …

아니, 이 프로젝트를 왜 하지…

누가 좋아지는 거지…

시사점

▶▶ 시작이 반이다. Define(정의) 단계에 충실해라.

▶▶ 개선기회, 프로세스, 고객핵심요구사항을 모르면 계속 정의하라.

목적 없는 여행은 방황이다

여행을 제대로 할 줄 아는 사람은 무작정 봇짐을 메고 떠나지 않는다. 출발 전에 반드시 여행 계획을 세우는데 목적, 시기, 여행기간, 예산 등을 꼼꼼히 따져본다. 그중에서도 가장 먼저 결정해야 할 것은 여행의 목적이다. 왜냐하면 목적 없이 떠나는 여행은 무의미한 방황으로 끝날 공산이 크기 때문이다.

6시그마 프로젝트도 마찬가지다. 프로젝트 시작 전에 왜 해야 하는지, 어떤 프로세스를 개선할지, 누가 같이 참여하고 언제까지 할지 등을 먼저 짚어봐야 한다. 그렇지 않으면 프로젝트를 성공적으로 완수할 수 없으며, 중간에 심심찮게 방황하게 된다.

3가지 질문

6시그마 프로젝트는 게임이 아니라 실전이다. 끊임없이 발생하는 문제와의 싸움이다. 연습 삼아 자원을 투입하거나, 대충 하다가 포기할 입장이 아니다. 시작했으면 끝을 보고 나름대로 성과를 얻어야 하는데, 프로젝트의 출발점인 정의 단계에서 3가지 질문을 던지고 그 대답을 얻어야 가능하다.

- 문제를 한 문장으로 표현할 수 있는가?
- 현재 프로세스를 그릴 수 있는가?
- 고객은 진정 무엇을 원하는가?

이 질문에 대한 답을 찾는 것이 쉬워 보일지 몰라도 평상시에 심사분석이나 지속적인 고객조사가 충분히 이루어지지 않았다면 결코 쉬운 작업이 아니다. 정의 단계에서 시간을 많이 끄는 프로젝트가 의외로 많은 이유도 여기에 있다.

"우리 팀원들이 고개만 갸웃거리고 오락가락하더니만 정의를 잘못한 탓이군요!"

"분명히 그럴 것입니다. '용강 올꾼이 강서 갔다 오듯 한다'는 말이 있지요. 아무런 생각 없이, 목적없이 행동함을 이르는 말인데, 3가지 질문이 바로 이를 경계하자는 것이지요."

문제를 한 문장으로 표현할 수 있는가

이 질문은 정의 단계의 첫 출발로서 '프로젝트 선정배경'과 '개선 기회' 를 분명하게 정의하는 것이다.

:: 프로젝트 선정 배경은 당위성을 설명한다

비즈니스 측면에서 개선할 수밖에 없는 당위성이나 사업 전략적 중요성 등을 설득력 있게 표현한다. 품질(Quality), 비용(Cost), 납기(Delivery)를 포함하여 고객 만족도, 생산성, 기술력 등이 주요 관심사항이다.

:: 개선기회의 근본은 고객과 사업목표

프로젝트를 통해 개선해야 할 문제를 설명한다. 주로 고객 요구 수준이나 기업 목표에 미치지 못하는 정도를 분석하여 차이를 규명하고, 문제를 더욱 구체화하여 정량적인 수치로 나타낸다. 보편적인 착안사항은 다음과 같다.

- 기대(기준, 목표)와 현상과의 차이는?
- 고객은 어떤 고통을 호소하는가?
- 프로세스 변동은 무엇이며 얼마나 큰가?
- 문제는 얼마나 심각한가?

'문제를 모르면 개선할 수 없다'는 말이 있듯이 '문제를 안다'는 것이 곧 개선기회를 포착하는 것이다. 특히, 한 문장으로 표현할 수 있을 때 확실하게 아는 것이다.

"꼭 한 문장이어야 하나요. 길게 하면 안 되나요?"

"안 될 건 없습니다. 하지만 길게 표현한다는 것은
분명히 세 가지 이유 중 하나일 겁니다.
첫째는 문제를 아는데 표현력이 부족한 겻이고,
둘째는 문제가 진짜 복잡한 것이고,
셋째는 문제가 뭔지 모르기 때문입니다. 첫째는 표현을 다듬으면
되고, 둘째는 개선대상을 좁히면 됩니다. 셋째가 문제인데
그냥 해결될 일이 아니고 데이터를 가지고 고민해야 가능한 일이죠."

"데이터요?"

One point lesson

:: '문제'를 안다는 것은 '데이터'로 말하는 것이다

문제를 잘못 알고 있는 사람이 많다. 우리가 쉽게 문제라고 하는 것에는 단순한 현상이 많다. 예를 들면 '배가 고프다' '불량이 많다' '돈이 부족하다' 등이다. '문제'가 되려면 객관적인 비교가 필요한데 데이터가 제격이다. 그러나 단순한 수치의 나열이 아니라 기대치(기준, 목표)와 현상과의 차이로 표현해야 '분명한 문제'이다. '우동 곱빼기가 기본인데 보통을 먹어 배가 고프다', '불량률이 3%로 기준치 1%보다 2% 더 발생했다', '1000원이 필요한데 999원밖에 없어 1원이 부족하다'처럼 표현해야 '문제'라고 말할 수 있다.

현재 프로세스를 그릴 수 있는가

정의 단계에서 두 번째로 할 일이다. 프로세스 분석을 통해 해당 프로세스를 이해하고, 프로젝트 범위를 명확하게 정의하기 위함이다.

:: 6시그마 프로젝트는 프로세스를 더 좋게 한다

"모든 일에는 프로세스가 있고 결과가 있다." 이것은 6시그마만의 얘기가 아니고 모든 분야에 공통적으로 해당되는 금언 같다. 달리 말하면 어떤 일의 결과를 좋게 한다는 것은 그것을 만들어내는 프로세스를 좋게 할 때 가능하다는 의미이다. 따라서 프로젝트 시작 전에 해당 프로세스를 분석하는 것이 기본임에 틀림없다.

:: 정의 단계에서 프로세스 분석이 필요한 이유

- 첫째, 새로운 개선기회(낭비, Quick-Win 개선기회, 재설계 요소 등)를 발견할 수 있다.
- 둘째, 다음 단계인 MAIC 단계에 필요한 지식과 정보를 확보할 수 있다.
- 셋째, 프로세스 흐름과 구성요소를 이해함으로써 프로젝트 전반에 자신감을 얻게 된다
- 넷째, 같은 프로세스를 대상으로 하는 프로젝트들에 대하여 통합, 조정, 보완이 가능하여 중복 과제, 역효과 발생 등을 예방할 수 있다.

"프로세스 분석을 하려면 프로세스 Mapping을 해야겠네요?"

"당연하지요. 그래서 프로세스를 '쓴다' 라고
하지않고 '그린다'라고 하지요.
주로 SIPOC이나 TDC, FDPM 등을 이용하는데
설명은 생략할게요."

"책을 보란 말이지요.
하지만 처음 들어보는 'Quick-Win'은 가르쳐주셔야지요."

One point lesson

:: Quick-Win 개선기회란?

일반적인 상식이나 경험으로 원인이 명백한 경우나 불합리한 요소를 개선단계까지 미루지 않고 바로 조치할 개선기회로서, 과제의 단기성과 달성에 기여한다. 하지만 네 가지 기준에 만족할 때 가능하다.

〈Quick-Win 개선기회 평가 기준〉

• Easy: 실행하기 쉬울 것
• Fast: 신속하게 실행할 수 있을 것
• Low: 비용이 적게 들 것
• Control: 팀의 통제 아래 있을 것

"때로는 Quick-Win 개선만으로 목표에 근접하는 경우도 있어요. 어떤 때일까요?"

"혹시 핵심인자를 Quick-Win할 때 아닌가요?"

"대단하십니다. 만약에 운 좋게 핵심인자를 개선했다면 프로젝트 판도가 완전히 달라지죠. 성과에 따라 정의 단계에서 프로젝트를 끝낼 수도 있어요."

"정말이요? 그 말이 제일 구미가 당기는데요."

"역시 강 주임도 한국 사람이네요. 이 점을 이용하여 '빨리빨리 개선'이 우리나라에서 불붙고 있답니다."

One point lesson

:: '빨리빨리 개선'이란?

전통적인 6시그마의 한계를 극복하고 스피디한 개선을 이루려고 진화한 개선활동 유형을 말한다. QSS(Quick Six Sigma), SSS(Speed Six Sigma), LEAN 6시그마 등을 대표적으로 꼽을 수 있다.

그런데 이것들의 핵심이 바로 프로세스 분석을 통해 낭비(문제)를 빨리 찾아 개선하자는 것으로 정의 단계의 Quick-Win 개선과 같은 맥락이다.

고객은 진정 무엇을 원하는가

정의 단계에서 세 번째로 할 일이다. 개선 프로세스와 관련된 고객의 소리(VOC; Voice of Customer)를 청취하고 고객핵심요구사항(CCR; Critical Customer Requirement)을 찾아낸다.

:: 먼저 진정한 고객을 찾아라

고객은 '프로세스의 아웃풋을 제공받는 사람 뜨는 회사'이다. 6시그마 프로젝트가 '프로세스를 더 좋게 하여 아웃풋을 좋게 하는 것'이라고 볼 때, 프로젝트 수행의 궁극적인 목적도 고객만족이다. 따라서 프로세스에 결정적인 영향을 미치는 진정한 고객을 찾아 그들의 소리를 듣는 것이 무엇보다 중요하다.

:: CCR는 프로젝트 성공의 열쇠이다

고객이 관심도 없는 것을 개선해봤자 생고생에 지나지 않는다. 가치 없는 낭비일 뿐이다. 그러므로 다양한 VOC 가운데 핵심을 콕 찍어 해결하는 것이 프로젝트 성공의 열쇠이다.

"3가지 질문을 왜 해야 하는지 이젠 알겠지요?

"우리 프로젝트 팀이 '용강 올꾼이'처럼
되지 말라는 것 아닙니까?"

"맞습니다. 그래서 3가지 질문 가운데 하나라도
대답하지 못하면 섣불리 시작하지 말고 계속 정의 하라고
지도한답니다. 그렇지 않으면 그 어떤 사람도 설득시킬 수
없거든요."

One point lesson

:: 결과는 1 Page로!

정의 단계를 마치면 개선기회, 개선 프로세스, CCR 등을 종합하여 한
장의 문서를 작성한다. 이를 'Team Charter', '프로젝트 기술서'라고
하는데 이것만 봐도 프로젝트를 이해할 수 있게 작성한다. SMART하게!

Specific, 구체적인
Measurable, 측정 가능한
Aggressive & attainable, 공격적이고 달성 가능한
Relevant, 경영목표에 관련 있는
Time bound, 완료시한 설정

Team Charter

과제선정배경

- 과제 수행의 목적과 전략적 중요성
- 왜 이 과제를 해야 하는가?
- 무엇이 좋아지는가?

개선기회

- 문제점 기술
- 과제 문제의 심각성
- 문제로 인한 고객의 고통, 불만

목표

- 과제 달성 목표
- 구체적이고 명확한 성과
- 무형의 성과

과제 범위

- 프로세스 더상 및 경계
- 과제 수행 범위
- 제외 프로세스

추진일정

- 과제의 주요 활동 내용
- 과제 추진 일정

팀 구성

- 챔피언, 프로세스 오너, 리더, 팀원
- 팀 책임 범위

'시작이 반이다'라는 말처럼 정의 단계를 잘하면 50%는 성공한 것이다. 프로젝트의 목적과 방향, 개선 대상이 뚜렷하여 관련자들이 똑같은 생각과 행동을 하기 때문이다.

따라서 시간이 걸리더라도 프로젝트를 본격적으로 시작하기 전에 개선 기회, 개선 프로세스, 고객핵심요구사항을 분명하게 짚고 넘어가야 한다.

15 CTQ 구체화 작업은 프로젝트 성공의 기본

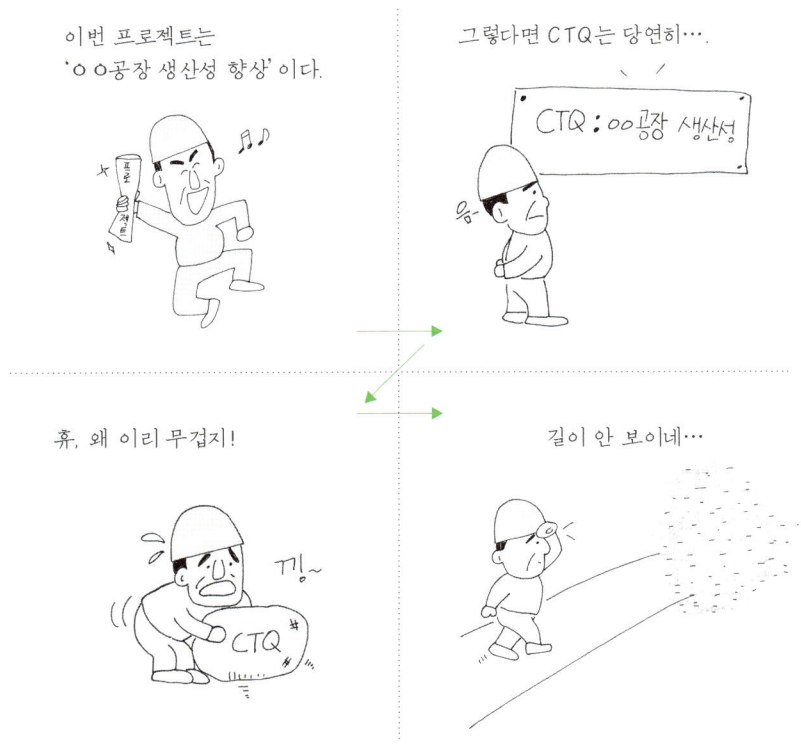

▶▶ 너무 큰 CTQ는 프로젝트를 어렵게 한다. 쪼개서 구체화하라.

▶▶ CTQ는 고객의 요구사항을 프로세스 언어로 표현한 것이다.

무거운 짐을 지고는 멀리 가지 못한다

지게를 져본 사람은 안다. 일을 빨리 끝내려고 무리하게 짐을 실으면 일어서기조차 어렵다. 겨우 일어섰더라도 낑낑거리며 가다가 짐을 흘리거나 지게를 엎어버리기 일쑤다. 그렇다고 너무 적게 짐을 지고 가면 불호령이 떨어진다. 그래서 약간은 힘이 부치더라도 목적지까지 충분히 감당할 만큼의 짐을 지는 것이 가장 현명한 선택임을 깨닫게 된다.

6시그마 프로젝트도 마찬가지이다. CTQ를 보면 프로젝트의 무게를 알 수 있는데, 너무 큰 CTQ를 정하면 나중에 감당하지 못해 포기하거나 대충 끝내는 경우가 생기고, 너무 작은 CTQ를 정하면 프로젝트로서의 가치를 떨어뜨린다. 왜냐하면 CTQ의 크기가 프로젝트를 통해 처리할 일의 양을 결정하기 때문이다. 그러므로 어느 정도가 가장 적당한지 미리 검토하는 것이 프로젝트 성공의 기본인데 'CTQ 구체화' 작업을 통해서 알 수 있다.

:: **CTQ**(Critical to Quality)**란?**

제품이나 프로세스의 수준을 평가할 때 지표가 되는 품질특성 중에서 고객에게 중요한 영향을 미치는 것을 CTQ라 한다. 주로 신속성, 정확성, 완전성, 만족도 등을 나타내는 수치 및 기술적 성능을 말한다.

예) 시간, 치수, 물성치, 건수, 수량, 비율 등 …

CTQ를 구체화할 때 개선 대상이 보인다

6시그마 프로젝트는 고객만족을 통해 비즈니스 성과를 높이는 수단이다. 그러므로 항상 고객의 소리에서 시작하여 내부 프로세스에서 할 일을 찾는다. 그런데 기초 데이터가 되는 VOC는 대체로 막연하고 정성적인 것이 많아 무엇을 얼마나 해결해야 고객이 만족할지 알기 어렵다. 뿐만 아니라 고객의 요구사항도 제각기 달라서 어디에 집중해야 할지 심히 고민스럽다.

예를 들어 고객이 "자동차의 성능을 높여달라"고 한다면 출력을 높여 달라는 말인지, 안전성을 확보해달라는 것인지 아니면 다양한 제어기능을 부착해달라는 것인지 감을 잡기 어렵다.

이러한 문제를 해결하기 위하여 VOC에서 출발하여 프로세스 내부의 대표적인 품질특성으로 전환하는 작업을 수행하게 되는데, 이를 'CTQ 구체화' 작업이라고 하며, 'VOC → KCI → CCR → CTQ'를 순차적으로 전개하는 방법을 기본으로 삼고 있다.

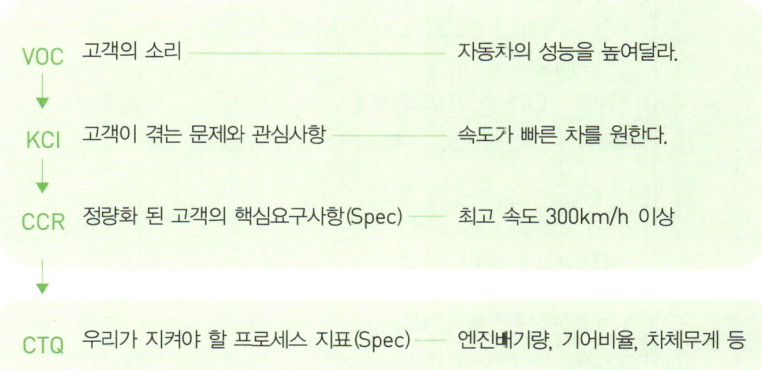

VOC	고객의 소리	자동차의 성능을 높여달라.
KCI	고객이 겪는 문제와 관심사항	속도가 빠른 차를 원한다.
CCR	정량화 된 고객의 핵심요구사항(Spec)	최고 속도 300km/h 이상
CTQ	우리가 지켜야 할 프로세스 지표(Spec)	엔진배기량, 기어비율, 차체무게 등

이 과정에서 눈여겨봐야 할 것이 있는데 'key'와 'critical'이란 단어가 항상 따라 다닌다는 점이다. 즉, 6시그마 프로젝트는 모든 것을 한번에 다 해결하는 것이 아니라 소수의 핵심적인 부분을 선택하여 집중한다는 뜻이다. 이 점은 이 세상 모든 문제해결 방법론이 공통적으로 인정하는 것으로 6시그마에서도 겸손하게 받아들이고 있다.

"그렇다면 우리 프로젝트도 'ㅇㅇ공장 생산성'보다 좀더 작은 그 무엇을 찾아야겠군요."

"그렇죠. '생산성'도 CTQ로 볼 수 있지만 너무 크죠. 프로젝트에서 원하는 것은 좀더 구체적인 것입니다. 그래서 잘게 쪼개야 하는데 일반적으로 프로세스 분석을 통해 도출된 Output Indicator 중에서 정하는 경우가 많습니다."

'VOC → KCI → CCR → CTQ' 전개 방법 이외에 다양한 기법을 통해 CTQ
를 구체화하고 있다. SIPOC 분석, QFD(품질기능전개), FAST Diagram
분석 등이 있다.

:: SIPOC에 의한 방법

프로세스 구성요소 확인을 통해 Output, Input, Process Indicator를 도출
하고 Indicator 간의 연관관계를 평가하여 CTQ를 찾아낸다. 또한 프로세스
전반을 구조적으로 이해하는 데도 도움이 된다.

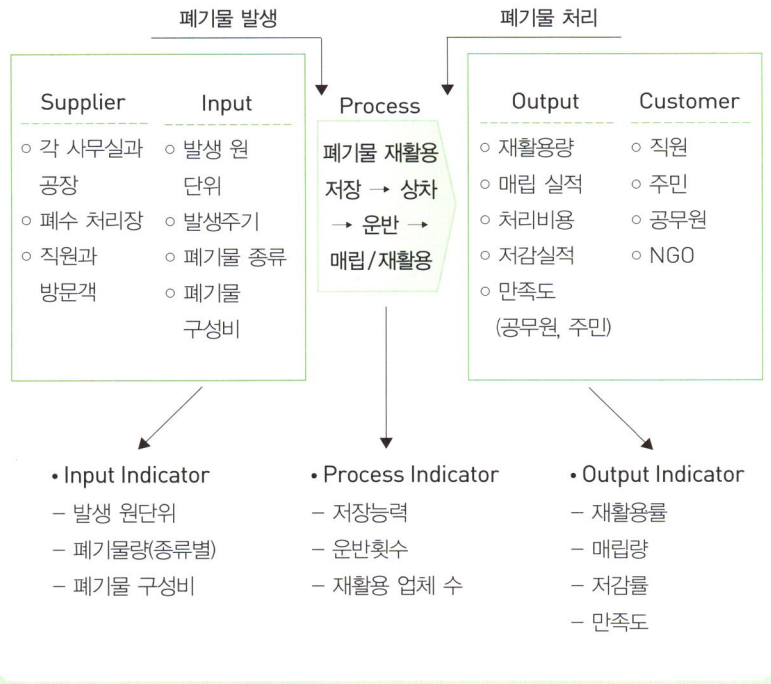

	폐기물 발생		폐기물 처리	
Supplier	Input	Process	Output	Customer
○ 각 사무실과 공장	○ 발생 원단위	폐기물 재활용 저장 → 상차 → 운반 → 매립/재활용	○ 재활용량	○ 직원
○ 폐수 처리장	○ 발생주기		○ 매립 실적	○ 주민
○ 직원과 방문객	○ 폐기물 종류		○ 처리비용	○ 공무원
	○ 폐기물 구성비		○ 저감실적	○ NGO
			○ 만족도 (공무원, 주민)	

• Input Indicator
 − 발생 원단위
 − 폐기물량(종류별)
 − 폐기물 구성비

• Process Indicator
 − 저장능력
 − 운반횟수
 − 재활용 업체 수

• Output Indicator
 − 재활용률
 − 매립량
 − 저감률
 − 만족도

	Input Indicator			Process Indicator			합계	우선순위
Input & Process Indicator Output Indicator	발생원단위	폐기물량	폐기물구성비	저장능력	운반횟수	재활용업체수		
재 활 용 률	9	3	9	3	1	3	28	1
매 립 량	3	3	9	3	1	1	20	2
저 감 률	3	1	3	1	1	1	10	4
만 족 도	1	3	1	3	1	3	12	3
합 계	16	10	22	10	4	8		

CTQ ?

측정인자?

SIPOC을 통하면 프로젝트의 결과(Y)인 CTQ뿐만 아니라 $Y=f(x)$ 인과관계를 통계적으로 규명하기 위한 원인(x) 차원의 측정대상까지 확인할 수 있는데 Input Indicator와 Process Indicator가 그 대상이다.

:: **기타 방법**

• QFD(Quality Function Deployment): 고객의 요구사항에 대응하는 기술적 요소를 품질특성, 부품특성, 공정특성 등 관리 가능한 CTQ 형태로 변환하는 방법
• FAST Diagram: "고객의 요구사항을 어떻게(How→) 충족할 것인가?" 질문하면서 품질특성을 나열하고, 반대로 "품질특성은 무엇(←What)을 위한 것인가?" 질문하면서 CTQ를 구체화 하는 방법

One point lesson

CTQ를 구체화했더라도 모든 것이 프로젝트의 CTQ가 되는 것은 아니고 일련의 평가기준에 적합할 때 비로소 CTQ로 선정된다.

:: CTQ 평가 기준

- 고객의 핵심요구사항(CCR)과 연계되어야 한다.
- 유용한 주기로 측정할 수 있어야 한다.
- 통계적 처리가 가능해야 한다.
- 개선 프로세스를 대표할 수 있어야 한다.
- 결함(Defect)의 기준을 정할 수 있어야 한다.

"뭐 하나 쉬운 게 없네요.
이러니까 다들 6시그마를 어렵다고 말하나 봐요."

"어렵다기보다는 일을 계량화하는 데
익숙하지 않아서 그럴 겁니다.
일할 때 무엇을 좋게 하는지,
일이 잘 되었는지 못 되었는지를 무엇으로 판단할지
따져보지 않고 급하게 실행부터 하는 것이
동양 사람들의 보편적인 방식이거든요.
강 주임이 이번 기회에 CTQ 구체화 과정을 이해한다면
무슨 일이든지 계량화하고 보는 서양 문화를 제대로
체험하게 될 것입니다."

16 — '시그마 수준' 높기만 하면 좋은가

이번 프로젝트 목표는 원대합니다.

어떻게 그런 목표를 잡게 되었죠? 힘들 텐데…

완벽한 수준으로 가야 무조건 좋은 것 아닙니까?

높다고만 좋아 할 일이 아닌데…

▶▶ 시그마 수준이 높으면 좋다. 그러나 무조건은 아니다.
▶▶ 고객의 요구사항, 경쟁사 수준 그리고 위험을 고려하여 정하라.

'완벽'은 참 좋은 말

'완벽'은 참 좋은 말이다. 그래서 누구나 갈망한다. 하지만 쉽지 않다. 왜냐하면 신이 아닌 이상 그 누구도 '완벽'을 단정짓지 못하고 사람에 따라 그 정도가 다르기 때문이다. 우리나라 최고 미인인 미스코리아를 보더라도 "완벽하게 예쁘다"고 말하는 사람도 있지만 그렇지 않은 사람도 있지 않은가.

어쨌든지 누구나 인정하는 보편타당한 기준에서 조금도 흠이 없는 완전 무결한 상태를 만들 수만 있다면 얼마나 좋을까?

6시그마에서는 '시그마 수준'이라는 잣대로 완벽의 정도를 가늠한다. 통상적으로 '6시그마 수준'을 결함이 거의 없는 완벽한 상태로 보고 프로세스의 산출물인 제품, 서비스를 6시그마 수준으로 만들려고 애쓴다. 마치 숙명인 양.

One point lesson

:: '시그마 수준'이란?

고객의 요구사항인 규격(USL, LSL) 안에 얼마나 많은 데이터가 포함되었는지 나타내는 척도이다. 6시그마에서 '공정능력'을 나타내는 대표적인 값으로, 이 값이 클수록 고객 요구사항을 더 충족시키며 불량은 적어진다.

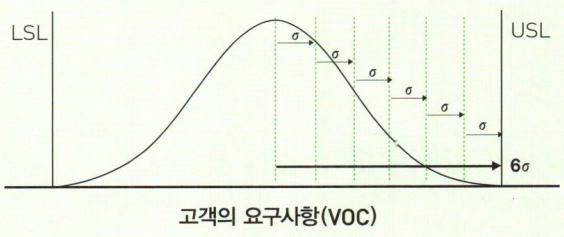

고객의 요구사항(VOC)

"좋은 게 좋다고,
6시그마 수준으로 완벽하게 개선하면 불량도 줄고,
고객도 만족하는데 일석이조 아닌가요?"

"시그마 수준을 단순한 수치로만 이해하면
충분히 그럴 수 있네.
하지만 그 의미를 제대로 이해한다면
높다고 반드시 좋은 것만은 아니네.
특히 고객 요구사항이 어떤가에 따라서는
불필요한 예방비용만 커질 뿐이지."

"창 과장, 자네 부인 예쁘다고 소문났던데
시그마 수준으로 나타낸다면 얼마나 될 것 같은가?"

"글쎄요. 연애할 때는 6시그마 수준 같았는데 갈수록
영 아니네요. 그런데 왜 묻죠?"

"조심하게. 설사 그렇다손 치더라도 부인한테는
무조건 예쁘다고만 말하게.
아니면 자네 지갑이 점점 가벼워질 테니까."

고객이 6시그마 수준에 관심 없다면

6시그마 수준을 달성하기 위해서는 그 만큼 고통이 따른다. 비용, 시간, 인력 등 막대한 자원이 요구된다. 그런데 애써 만든 6시그마 수준의 제품이나 서비스에 고객이 처음부터 아무런 관심이 없었다면 어떻겠는가?

6시그마 수준을 만들려고 투입한 자원이 부메랑이 되어 돌아올 것이 분명하다. 경쟁사에 비해 원가 경쟁력이 떨어지고 비싼 가격을 지불해야 하는 고객은 짜증 낼 것이다.

그래서 시그마 수준을 정할 때는 더도 덜도 말고 '고객이 원하는 수준' '경쟁사 보다 좀더 나은 수준'을 잡도록 권고한다. 무서운 곰이 뒤쫓아 올 때 살아남으려면 곰보다 조금 더 빨리 달리면 충분하지, 올림픽 100m 달리기에서 1등 할 정도로 지나치게 빨리 달릴 이유가 없기때문이다.

사업분야에 따라서도 시그마 수준을 달리 설정한다. 예를 들어 같은 항공사에서도 승객의 안전성 측면에서는 6시그마 보다 높은 7시그마 수준을 요구하고, 화물운송 분야에서는 4시그마 정도면 충분하다.

"이쯤에서 반드시 짚고 넘어가야 할 것이 있네.
시그마 수준을 정하는 마지막 조건인데.
이 조건을 만족할 수 없다면 고통이 따르더라도
시그마 수준을 계속 높여가야 한다네.
자네도 적금을 깨서라도
제수씨 성형수술을 해줘야 하구."

"뭔데요. 그렇게 겁나는 것이?"

위험을 감당할 수 있는가

지금까지 말한 시그마 수준 얘기는 공정이 안정된 상태에서 중심이 항상 목표(target)에 일치하고 그에 따른 위험(risk)을 충분히 감수할 때를 전제로 한 것이다. 만약에 현재 공정상태가 통제 불가능한 요인에 의해 자연스럽게 변한다면(통상적으로 우연원인에 따라 1.5σ 정도 움직임) 달리 생각해 봐야 한다.

예를 들어 현재 수준이 3시그마 수준이고 고객이 불만을 말하지 않는 상태라고 가정한다면 공정상태와 그에 따른 위험은 [그림 1]의 실선과

[그림 1] 3시그마 수준

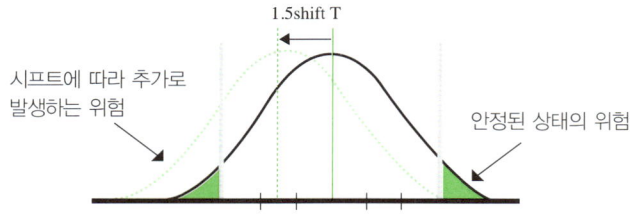

1.5shift T

시프트에 따라 추가로
발생하는 위험

안정된 상태의 위험

같은 분포가 된다. 이 분포의 의미는 중심이 항상 목표에 일치하고 있으며, 안정된 상태의 위험은 어느 정도 있지만 충분히 감당하겠다는 뜻이다. 하지만 우연한 원인에 의해 1.5σ가 시프트 된다면 [그림 1]의 점선 분포와 같이 되어 안정된 상태에 비해 몇 배에 해당하는 위험이 추가로 발생한다. 그 결과 잠잠하던 고객은 불만을 말하기 시작하고 기업은 발등에 떨어진 문제를 해결하려고 더 많은 비용을 지불할 수밖에 없다.

그런데 6시그마 수준인 [그림 2]는 다르다. 문제가 발생하기 전에 프로세스를 완벽한 상태로 만들어 놓았기 때문에 1.5σ가 언제, 어떻게 시프트 되더라도 추가로 발생하는 위험이 작기 때문에 고객이 불만을 말하지 않게 된다.

[그림 2] 6시그마 수준

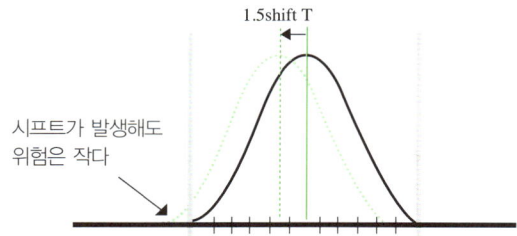

1.5shift T

시프트가 발생해도
위험은 작다

바로 이것이 어느 정도의 비용을 감수하더라도 끊임없이 시그마 수준을 높여 나가는 이유이다.

따라서 6시그마를 추진하는 회사이기 때문에 무조건 6시그마 수준을 달성하려고 애쓰기보다는,

① 고객이 요구하는 수준

② 경쟁사보다 좀더 나은 수준

③ 1.5σ가 시프트 되어도 위험을 감당할 수 있는 수준이 어느 정도인지 파악하여 시그마 수준을 정하고 개선활동을 해 나아가는 것이 가장 6시그마적임을 잊지 말자.

17 __ 6시그마 프로젝트도 스피드가 중요

강 주임, 프로젝트 개선안 적용은 언제 하나요?

원 창 과장님도…
계획대로 착착 진행되고 있잖아요.

정의 단계에서 6개월 동안 할 것 미리 정해 놓았는데 그걸 잘 지키면 되는 것 아닌가요.

현장에서는 지금도 불량이 쏟아지고 있는데…

▸▸ 스피드 시대, 변화를 주도하는 6시그마는 당연히 빨라야 한다.
▸▸ 올바른 제도, 올바른 생각, 올바른 프로젝트가 스피드를 살린다.

빠른 것이 대세

21세기의 특성을 반영하는 단어를 꼽으라면 단연 '스피드'이다. 디지털, 인터넷, 네트워크가 발전하면서 스피드는 더욱 빨라지고 있다. 이러한 시대 변화는 '스피드 경영'이라는 신조어를 만들어 내었고 경쟁사보다 기회를 선점하기 위한 경영전략을 펼치고 있다. 스피드가 생존의 키워드가 된 셈이다.

변화의 중심에 서 있는 6시그마는 과연 어떨까? 혹시 '개선'이라는 명목 아래 치외법권을 행사하지 않는지, '잘 짜여진 절차와 계획'이라는 핑계로 스피드를 무시하지는 않는지 돌아볼 일이다.

만약 그렇다면 당신 기업의 6시그마는 이미 죽어 있는지 모른다.

6개월 함정

6시그마에서는 실행전략의 이행 상태나 활동 성과 등을 점검하고 새로운 계획을 준비하기 위하여 '웨이브(wave)'라는 단위를 사용한다. 대부분의 기업들이 '6개월 웨이브'를 적용하는데, 전사적인 6시그마 활동을 리드하고 관리하는 6시그마 사무국 입장에서는 더할 나위 없이 고마운 제도이다. 왜냐하면 일정 기간마다 벌려놓은 일을 매듭지을 수 있고, 그 결과를 무기로 개선활동에 드라이브를 걸 수 있기 때문이다.

프로젝트 리더도 웨이브가 있어 마냥 즐겁다. 웨이브 기간 안에 할당된 프로젝트를 끝내기만 하면 누구 하나 질책하는 사람이 없다. 거기에다 DMAIC 단계별로 일정계획을 잘 짜면 진척이 늦다고 간섭하는 사람도 없다. 오히려 6시그마 사무국에서는 진척도 100% 리스트에 이름을 올려준다. 이 얼마나 즐거운 일인가.

그런데 경영진(또는 챔피언) 입장에서는 웨이브 제도가 결코 달가울 수 없다. 프로젝트를 빨리 추진해야 그만큼 빨리 성과를 얻을 수 있는데 프로젝트들이 '6개월'이라는 함정에 빠져 허우적거리기 때문이다.

하지만 이상하게도 대부분의 경영진은 이 문제를 잘 모른다.

:: wave란?

6시그마를 효율적으로 관리하기 위하여 정한 활동 주기이다.
파도와 같이 반복적으로 진행되며, 이 기간에 1사이클의 P-D-C-A 활동
이 이루어진다. 보통 1차 wave, 2차 wave와 같이 부른다.

:: wave를 설정하는 일반적인 기준

대부분 기업에서 두 가지 기준을 감안하여 웨이브를 설정한다.
- 첫째, 6시그마 Black Belt 양성에 필요한 교육시간
- 둘째, 정통 DMAIC 프로젝트를 수행하는 데 필요한 소요시간

전통적으로 이 두 가지 기준을 병행하여 Black Belt 양성 프로그램을 운영
하는데 6개월이 최적으로 알려져 있다. 어떤 기업에서는 두 가지 기준에 관
계없이 4개월 또는 12개월 웨이브를 적용하기도 한다

"그렇다면 웨이브가 짧을수록 프로젝트 속도가 빨라지겠군요.
우리도 이 기회에 3개월로 가죠?"

"웨이브 이야기는 제도적인 문제입니다.
강 주임 말대로 바꾸면 당장은 해결된 듯
보일 수도 있지만 근본적인 치유는 아니예요.
정말 어려운 것은 따로 있는데
'사람'과 '프로젝트'에 관한 문제랍니다."

"사람과 프로젝트?"

프로젝트가 늦어지는 이유 3가지와 해법

:: 웨이브 측면

웨이브를 운영한다는 의미는 그 기간 내에 이루어진 6시그마 활동을 평가한다는 의미가 내포되어 있다. 그렇다 보니 프로젝트를 포함하여 모든 6시그마 활동의 시작과 끝을 웨이브 일정에 짜맞추려고 한다.

• 3개월이면 끝날 프로젝트를 6개월 동안 끌어간다.
• 10개월 걸리는 프로젝트를 6개월에 맞춰 대충 끝낸다.

이러한 현상은 바로 웨이브가 있기 때문이다. 만약 '12개월 웨이브'를 채택한다면 12개월 짜리 프로젝트가 줄을 설 것이 뻔하다.

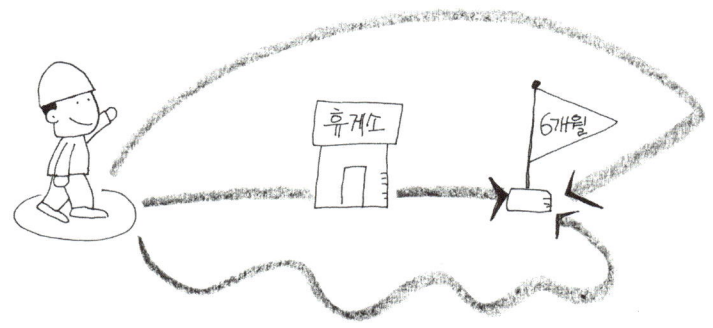

해법 ⇨ 웨이브가 있는 듯 없는 듯 운영하라.

웨이브 중간부터 BB 양성 프로그램을 시작하는 것도 괜찮다.

⇨ 웨이브 기준으로 아무것도 평가하지 말라.

⇨ 웨이브는 6시그마 사무국만 운영하라.

:: 사람 측면

일체유심조(一切唯心造)라고 했던가. 사람 마음이 동하지 않으면 웨이브가 아무리 짧아도 프로젝트는 늘어진다. 반대로 웨이브가 12개월이더라도 마음이 급하면 스피드는 빨라진다. 결국 제도의 허술함과 모순보다는 프로젝트를 추진하는 사람이 근본이유인 것이다.

해법
  ⇨ 단기적인 성과를 맛보게 하라. 금전적인 보상도 좋지만 더 좋은 것은 '성공체험'에 의한 자기만족이다.
  ⇨ 절박함을 느끼게 하라. 절실한 마음이 생기면 빨리하게 되어 있다.
  ⇨ 신바람 나게 하라. 흥에 겨우면 시키지 않아도 문제를 빠르게 해결한다. 칭찬과 격려를 아끼지 말라.

:: 프로젝트 측면

프로젝트 선정이 잘못되면 스피드를 낼 수 없다.
① 프로젝트 범위가 너무 넓거나 현실적으로 풀기 어려운 문제를 프로젝트로 추진하면 감당하기 어려워 포기한다.
② 프로젝트 리더가 절실하게 느끼지 않는 문제를 주면 일상업무 또는 더 급한 일에 항상 밀린다. 그럴 바에는 차라리 일상업무를 잘 하게 내버려두는 것이 낫다.
③ 마지막은 충분히 생략할 수 있는 절차인데도 곧이곧대로 지킨다.

| 해법 | ↪ 프로젝트 범위가 넓으면 쪼개라. 작은 것을 여러 개 해결하는 것이 훨씬 효과적이다. 무거운 짐을 지고는 빨리, 멀리 가지 못한다. |

↪ 프로젝트 범위가 넓으면 쪼개라. 작은 것을 여러 개 해결하는 것이 훨씬 효과적이다. 무거운 짐을 지고는 빨리, 멀리 가지 못한다.

↪ 리더의 역량에 적합한 프로젝트를 할당하라. 프로젝트 리더는 슈퍼맨이 아니다.

↪ On-job 과제라면 리더의 일 가운데 프로젝트를 찾아라. 남의 일을 하면 흥이 나지 않는다.

↪ 불필요한 추진절차는 유연하게 생략하라. 유연함이 스피드를 살린다.

"장담하는데, 3가지 이유를 해결해 준다면
한 사람이 2~3건의 프로젝트를 동시에 하겠다고 덤빌 겁니다.
안전보건팀 김 대리에게 물어보세요."

고객은 기다리지 않는다

6시그마 프로젝트를 할 때는 긴장감이 필요하다. 내가 몸 담은 공정에서 불량이 쏟아지는데, 쉴새 없이 불만을 얘기하는 고객의 전화벨이 울리는데 가만히 앉아 있을 사람이 있겠는가.

고객은 우리보다 훨씬 예민하다. 우리가 6시그마를 하든 TPS를 하든 상관하지 않는다. 6개월 웨이브를 운영하든 12개월 웨이브를 운영하든 기다려주지 않는다. 오로지 원하는 제품을 적기에, 필요한 양만큼 공급받는가에 관심 있다. 그러므로 기왕 고객을 만족시키기 위해 프로젝트를 추진할 바에야 스피드를 내야 한다. 상투 틀고 갓끈 매고 점잖게 걸어갈 여유가 없다.

특히 실시간으로 불량이 쏟아지는 생산 현장에서는 문제가 정의되었다면 빨리 해결하는 것이 상책이다. 때로는 1시간 안에 끝장을 봐야 할 경우도 있다. 이 점을 간과하면 "6시그마를 왜 하느냐?"고 직원들이 반문하게 된다.

그러나 짧은 시간에 문제를 제대로 해결하려면 고리타분한 제도와 전통적인 DMAIC 프로세스를 맹목적으로 따라서는 불가능하다. 6시그마적 사고가 체질화되고 패턴화되어야 가능하며 유연성을 인정하는 기업문화로 바뀌어야 가능한 일이다.

많은 기업이 'Quick Six Sigma'를 외치는 이유도 바로 여기에 있다.

18 — 개선의 성패, 잠재인자

원MBB님, 아무리
개선해도 목표달성이
안 되네요.

개선안을
잘못 찾은 것
아닙니까?

찾아진 핵심인자는 다
개선했는데요.

그렇다면, 전 단계인 '잠재인자
찾기'에서 뭔가 놓친 게 아닌지?

잠재인자… 지금까지 드러난
것은 다 찾아진 것 같은데…

▶▶ 잠재인자를 어여삐 여겨라. 그것이 개선의 명운을 쥐고 있다.

▶▶ 핵심인자도 그 이름을 불러주기 전에는 하찮은 잠재인자였다.

출석부에 없는 학생

새 학년이 시작되면 담임 선생님은 출석부를 끼고 다니면서 아이들을 파악하느라 바쁘다. 의도적으로 번호와 이름을 부르면서 얼굴을 익힌다. 때로는 면담을 통해 성격, 가족사항, 교우관계 등을 꼼꼼히 살피기도 한다.

선생님의 이러한 노력은 다분히 의도된 행동이다. 빠른 시간 안에 아이들을 관리선상에 올려놓고 통제할 수 있어야 반 전체 분위기를 학습하기 좋게 만들 수 있고, 1년 농사를 잘 지을 수 있기 때문이다.

그래서 줄기차게 출석을 부른다. 단, 출석부에 없는 아이는 단 한 번도 부르지 않는다.

6시그마도 마찬가지다. 프로세스를 개선하기 위해 가장 먼저 해야 할 일이 '출석 부르기'이다. 주로 분석 단계에서 이루어지는데 '잠재인자'를 빠짐없이 파악하는 작업을 말한다.

:: 잠재인자란?

고객의 요구사항을 만족시키기 위한 결정적 품질요소인 CTQ에 영향을 미치는 모든 가능한 원인을 말한다.

:: 잠재인자를 찾는 방법

논리적이고 구조적으로 원인과 결과의 관계를 도식화할 수 있으면 세상에 알려진 모든 기법을 사용해도 된다. 그중에서 널리 사용하는 기법은 다음과 같다.

- 특성요인도(Fishbone Diagram)
- 프로세스 맵(Process Map)
- 트리 구조도(Logic Tree)
- Why-Because Diagram

"강 주임, 잠재인자 찾을 때 어떻게 했나요?
전체 팀원이 모여서 브레인스토밍은 했겠지요?"

"워낙 바빠서 다 모일 시간이 어디 있나요.
그래서 프로세스를 잘 아는 이 기사랑
내가 알아서 정리했어요.
잠재인자 그까짓 것 다 알잖아요."

"특성요인도가 썰렁하더니만 역시 그랬군요.
잠재인자를 너무 얕잡아 봤어요."

잠재인자를 홀대하지 말라

6시그마에서 '잠재인자'는 항상 푸대접이다. 단어 자체만 봐도 '핵심인자'가 더 중요하다는 느낌이 든다. 6시그마 퀴즈나 시험문제에 등장할 일도 별로 없고 프로젝트 분석 단계에서도 항상 엑스트라일 뿐이다.

그러나 우리가 잊고 있는 것이 있다. 핵심인자도 그 이름을 불러주기 전에는 잠재인자였다는 사실이다. CTQ에 영향을 미치는 수많은 잠재인자 가운데 통계적 검증을 거치거나 다양한 검토를 통해 치명적으로 영향을 미친다는 확신이 설 때 비로소 핵심인자가 된다.

그러므로 잠재인자를 더 어여삐 여기고 그것들을 파악하는 과정에 개선의 명운을 걸어야 한다. 애초부터 홀대하여 출석부에 이름조차 못올린다면 개선은 커녕 핵심인자가 되는 꿈조차 못 꾸기 때문이다.

잠재인자를 빠짐없이 파악하는 일이 얼마나 중요한지 좀더 살펴보자. 그림과 같이 CTQ의 현실이 2.0σ이고, 목표가 4.5σ라면 프로젝트를 통해 극복해야 할 문제는 2.5σ 만큼의 갭임을 알 수 있다.

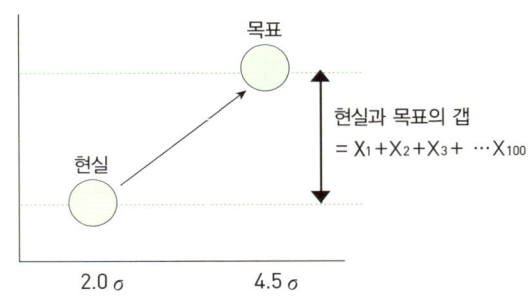

그리고 2.5σ의 갭은 $Y=f(x)$, 즉 원인과 결과의 관계에 따라 X_1에서 X_{100}까지 100개의 크고 작은 원인들에 의해 만들어진 결과이다. 다시 말하면 CTQ의 갭은 100개의 잠재인자가 각각 영향을 미치고 있다는 이야기다.

이 상황에서 각각의 잠재인자들이 1%씩 영향을 미친다고 가정하면 갭을 100% 메우기 위해서는 어떻게 해야 할까? 두말할 필요도 없이 100개의 잠재인자를 모두 찾아서 개선해야 한다. 그런데 잠재인자 찾기를 소홀히 하여 90개만 개선했다면 어떨까? 당연히 10%의 갭은 남고 개선목표는 달성할 수 없게 된다.

또 다른 극단적인 상황을 가정해보자. 100개의 잠재인자 가운데 X_{10}이라는 잠재인자가 80% 이상 치명적인 영향을 미친다면 어떨까? 잠재인자 찾기에서 X_{10}을 빼먹지 않고 찾는다면 큰 문제는 없지만 99개의 잠재인자를 찾더라도 1개의 X_{10}을 못 찾는다면 80%의 갭은 절대로 메우지 못할 것이다.

"알 것 같아요.
우리 프로젝트도 결국 잠재인자 찾기에 문제가 있었군요.
다시 분석단계로 돌아가도 될까요?"

"당연하죠. 전에도 말했지만
DMAIC는 정해진 룰일 뿐이에요.
아니다 싶으면 언제든지 왔다 갔다하면 됩니다.
건투를 빌 테니 빨리 갔다 오세요."

가장 효과적인 개선은

잠재인자의 중요성을 강조하다 보면, 자연스럽지 드는 의문이 있다. '잠재인자를 다 개선하면 되지 핵심인자는 왜 정하느냐?'이다. 특히 분석단계에서 핵심인자 때문에 고생한 사람은 더욱 강렬한 의문으로 다가온다. "핵심인자는 왜 정할까?"

결론부터 말하면 개선을 효과적으로 하기 위해서다. 앞서 살펴봤지만 100% 완벽한 개선을 위해서는 잠재인자들을 빠짐없이 개선하는 것이 이론적으로 맞다. 하지만 현실은 넉넉하지 않다. 주어진 시간은 짧고 프로젝트에 헌신할 사람도 적다. 더욱이 별 효과도 없는 것에 돈을 지불할 만큼 여유 있는 경영진이 어디 있겠는가?

그래서 핵심인자가 필요한 것이다. CTQ에 치명적인 영향(일반적으로 80% 이상)을 미치는 소수의 핵심인자를 항상 찾아낼 수 있다면 그것만 개선해도 일당백의 개선효과를 얻을 수 있기 때문이다.

19 ___ 데이터는 의심의 눈으로 봐라

▶▶ 엉터리 데이터는 엉터리 결론을 내게 한다. 차라리 없는 것이 낫다.

▶▶ 측정시스템 확인은 데이터 추출 시점보다 발생 시점에 집중한다.

Garbage in, Garbage out!

정보가 거의 없고 수작업으로 하던 과거에는 시간으로 일을 했다. 그저 열심히 하면 성과 또한 좋았다. 그러나 현재는 '열심히'보다는 '제대로'가 중요한 가치로 일하는 시대이다. 잘못된 방법으로 열심히 하는 사람보다 제대로 된 방법으로 게으르게 일하는 것이 더 좋은 성과를 낼 수 있다. 심지어 잘못된 방법으로 열심히 일하다가는 점점 더 나쁜 곳으로 성과를 이끌어 가기도 한다.

데이터도 이와 같다. 잘못된 데이터는 잘못된 정보를 만들어내고 그 정보를 그대로 사용하면 오히려 나쁜 방향으로 결론을 내릴 수 있다. 특히 데이터를 활용한 화려한 통계분석 결과에는 항상 함정이 도사리고 있음을 잊지 않아야 한다.

따라서 데이터는 일단 의심의 눈으로 바라보는 습관을 길러야 한다.

One point lesson

:: 데이터와 통계의 관계

▶ 데이터란?

- 사전적 의미: 결론을 내리는 데 근거가 되는 사실이나 자료
- 6시그마적 의미: 통계적 결론을 얻기 위하여 필요한 자료, 그 자체로는 단순한 사실을 수치로 옮긴 것이나 통계 처리하면 유용한 정보를 준다.

▶ 통계란?

- 사전적 의미: 수집된 자료를 그림으로 나타내거나 특성값을 계산하는 것
- 6시그마적 의미: 목적에 적합한 올바른 자료를 수집하고 이를 정리·요약·분석하여 합리적인 판단을 위한 정보를 얻는 것

▶ 데이터와 통계가 만날 때

- 데이터 + 통계   ⇒ 정보 [통계적 결론]

그러나

- 잘못된 데이터 + 통계   ⇒ 잘못된 정보 [오판]

"잘못 수집된 데이터가 그렇게 치명적인가요?"

"통계기법을 잘못 쓰면 BB 같은 전문가가 쉽게
걸러 낼 수 있지만, 데이터 자체가 잘못 수집됐는지는
어떤 전문가라도 알 수 없다네. 그래서 치명적이지."

잘못 수집한 데이터는 없는 것보다 못하다

떡볶이 요리사는 a사와 b사의 고추장에서 어떤 고추장이 떡볶이 맛을 더 좋게 하는지 실험계획으로 검정하고 고객의 평가점수가 높은 고추장을 사용하여 떡볶이를 만들기로 했다. 그런데 요리사와 데이터 수집자 사이에 의사소통 잘못으로 a사와 b사가 바뀌고 말았다. 즉 데이터를 잘못 수집하고 말았다.

과연 어떤 문제가 발생할까? 원데이터와 잘못 수집한 데이터를 이용하여 통계분석한 결과로 데이터 수집의 중요성을 살펴보자.

〈원데이터〉

회사	맛	측정일자
a	65	1월 1일
a	68	1월 2일
b	72	1월 1일
a	68	1월 3일
b	73	1월 2일
b	70	1월 3일
b	72	1월 4일
a	69	1월 4일

〈잘못 수집한 데이터〉

회사	맛	측정일자
b	65	1월 1일
b	68	1월 2일
a	72	1월 1일
b	68	1월 3일
a	73	1월 2일
b	70	1월 4일
a	72	1월 3일
a	69	1월 4일

① 원데이터로 통계분석한 결과

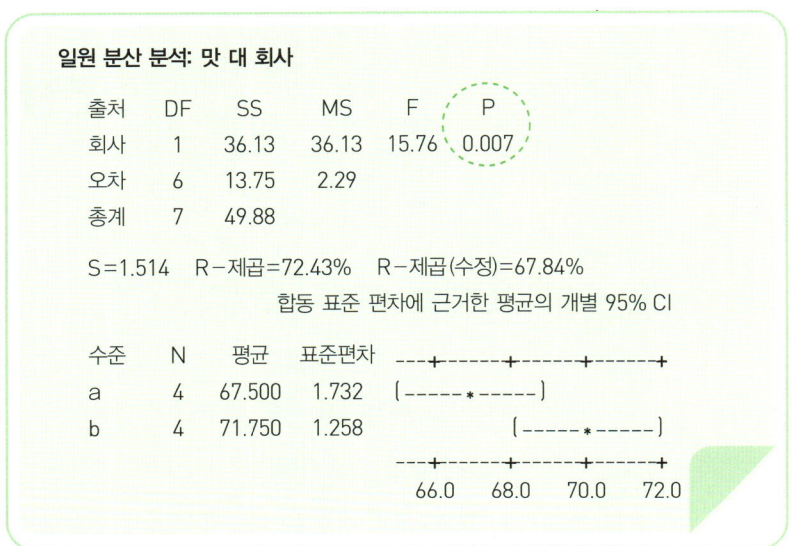

일원 분산 분석: 맛 대 회사

출처	DF	SS	MS	F	P
회사	1	36.13	36.13	15.76	0.007
오차	6	13.75	2.29		
총계	7	49.88			

S=1.514   R-제곱=72.43%   R-제곱(수정)=67.84%

합동 표준 편차에 근거한 평균의 개별 95% CI

수준	N	평균	표준편차	---+-----+-----+-----+
a	4	67.500	1.732	(-----*-----)
b	4	71.750	1.258	(-----*-----)

```
                              ---+-----+-----+-----+
                              66.0  68.0  70.0  72.0
```

② 잘못 수집한 데이터로 통계분석한 결과

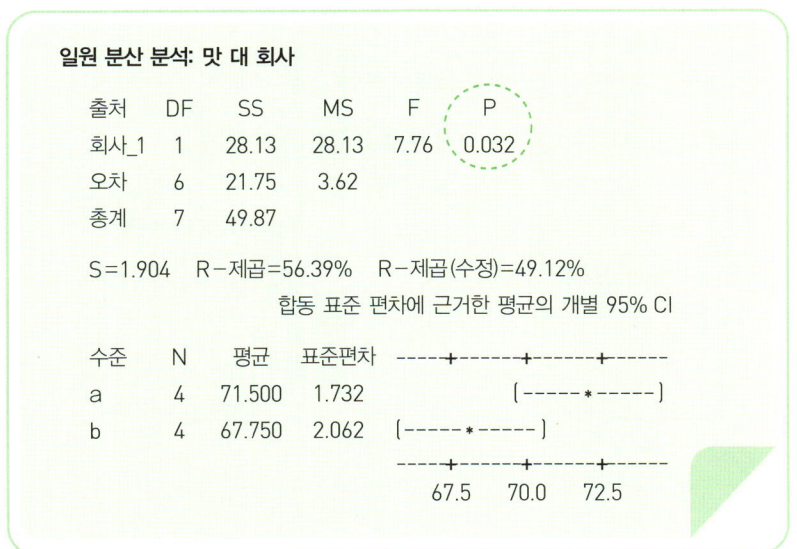

일원 분산 분석: 맛 대 회사

출처	DF	SS	MS	F	P
회사_1	1	28.13	28.13	7.76	0.032
오차	6	21.75	3.62		
총계	7	49.87			

S=1.904   R-제곱=56.39%   R-제곱(수정)=49.12%

합동 표준 편차에 근거한 평균의 개별 95% CI

수준	N	평균	표준편차	----+-----+-----+-----
a	4	71.500	1.732	(-----*-----)
b	4	67.750	2.062	(-----*-----)

```
                              ----+-----+-----+-----
                              67.5   70.0   72.5
```

원데이터로 분석한 결과는 b사의 고추장이 고객에게 4.25점 더 맛이 좋다고 평가 받았다. 그러나 잘못 수집한 데이터를 같은 통계기법으로 분석한 결과는 정반대이다. 오히려 a사의 고추장이 고객에게 3.75점 더 높게 평가 받았다. 요리사가 데이터를 잘못 수집한 사실을 모르고 최종 결론을 내렸다면 어떨까? 당연히 a사의 고추장으로 떡볶이를 만들었을 것이고 그 결과는 뻔하다. 얼마 지나지 않아 떡볶이 가게는 문을 닫을 것이다.

사례와 같이 잘못된 데이터는 개선이 아니라 오히려 상황을 더 악화시킨다. 차라리 잘못 수집한 데이터가 없었더라면 치명적인 결과는 맞지 않았을 것이다. a, b사의 고추장을 모두 사용한다면 최소한 a사의 고추장을 사용한 것보다는 더 맛있는 떡볶이를 만들 수 있기 때문이다.

"정말 끔찍하네요. 설마 했는데,
이제야 데이터의 중요성을 뼈저리게 느끼겠네요."

"그렇다고 너무 걱정할 것 없다네.
다 방법이 있어.
그것은 바로 올바른 데이터를 수집하는
방법을 습득하고 데이터를 수집할 때
이를 적극 활용하면 된다네."

올바른 데이터 수집방법

올바른 데이터 수집방법을 알기 전에 먼저 올바른 데이터가 무엇인지 알아야 한다. 올바른 데이터는, 한마디로 데이터가 발생한 시점의 상황을 가장 정확하게 수치화한 것이다. 그러므로 '어떻게 데이터 발생 시점의 상황을 가장 정확하게 수치로 옮길 것인가?' 에 대한 방안이 바로 올바른 데이터 수집 방법이다.

올바른 데이터 수집방법의 가장 일반적인 경우는 '표본선정 → 데이터 수집계획 공유 → 측정시스템 확인 → 수집데이터 검토' 단계를 거쳐 데이터를 수집하는 것이다.

∷ 표본 선정

표본 선정은 올바른 데이터 수집의 첫 단추이다. '표본'은 모집단의 특성을 파악하기 위해 모집단에서 일부분을 추출한 집단을 말한다. 그러므로 올바른 표본은 모집단의 특성을 가장 잘 나타내고 모집단과 닮은 꼴이어야 한다.

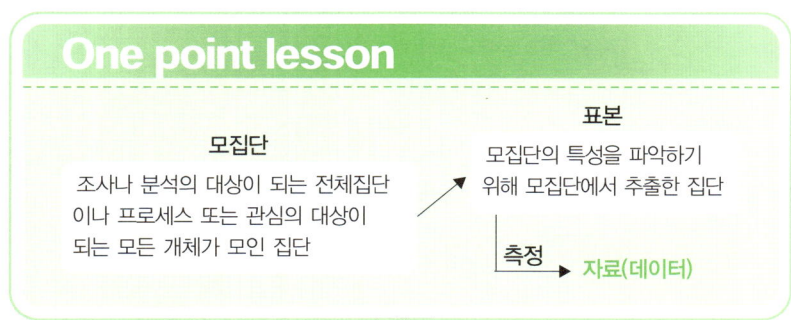

:: 데이터 수집계획 공유

6시그마 프로젝트를 수행할 때 리더 한 사람이 모든 데이터를 수집할
수는 없다. 팀원은 물론 때에 따라서는 팀원 외 이해관계자에게 도움을
받아야 한다. 그러므로 이해관계자가 충분히 이해할 상세한 내용으로 구
성된 데이터 수집계획을 수립하고 이를 토대로 공유하는 기회를 가져야
한다.

▶ 데이터 수집계획 사례

측정 대상	운용 정의	데이터 발생위기	측정 기기	측정자	데이터 수집방법	동시 수집 데이터
재료 신선도	소스로 사용되는 채소류의 변질상태	채소류 보관창고	Green Meter	신신선	매일 채소 다듬기 전 2회씩 15일간	해당 채소 공급업체
조리 시간	재료다듬기에서 그릇에 담기까지	주방	Stop Watch	조조리	점심, 저녁, 야식 각 1회씩 10일간	해당 조리사 이름

One point lesson

당신은 6시그마 프로젝트의 리더입니다. 데이터 수집계획 없이 강판의 두께
를 측정하도록 팀원 2명에게 의뢰하였습니다.

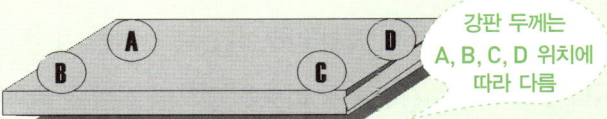

강판 두께는
A, B, C, D 위치에
따라 다름

팀원 2명 중 1명은 A 부위를, 다른 한명은 B부위를 측정하였습니다. 당신이
원하던 장소를 측정하였습니까?

:: 데이터의 추출 시점보다 발생 시점이 중요

　현실적으로 완벽한 공정은 존재하지 않으므로 공정의 산출물을 측정한 데이터는 항상 편차가 있다. 그리고 이 편차에는 순수하게 공정 내부에서 발생한 편차와 공정 산출물을 측정하는 과정에서 발생하는 편차가 함께 존재한다. '측정시스템 확인'은 이 편차 중 공정 산출물을 측정하는 과정에서 발생하는 편차가 전체 편차에서 어느 정도 차지하는가를 파악하는 과정인데, 일반적으로 측정 과정의 편차가 전체 편차의 10% 이하이면 측정시스템이 유용하다고 한다. 이런 측정시스템의 개념과 방법은 6시그마 프로젝트 리더라면 잘 알고 있다.

　그러나 많은 사람들이 데이터 추출 시점을 기준으로 측정시스템을 잘못 판단하는 실수를 범하고 있다. 예를 들어 매일 5명의 손님에게 떡볶이 맛을 측정하여 컴퓨터에 입력하였고, 한 달 후 떡볶이 맛의 추이를 관찰하려고 컴퓨터에 들어 있는 데이터를 출력하였다고 치자. 컴퓨터에 들어 있는 데이터를 출력했으므로 데이터가 잘못 수집될 수 없으며 측정시스템 확인도 필요 없다고 생각하는 경우이다.

　올바른 데이터는 데이터 발생 시점의 상황을 가장 잘 수치화한 것이다. 따라서 손님이 떡볶이를 먹고 나가면서 맛을 평가하는 순간이 데이터 발생 시점이며 측정시스템 확인 장소이다. 즉 '데이터를 추출하는 시점보다 데이터가 발생하는 시점이 중요'함을 잊으면 올바른 데이터를 수집할 수 없다. 그리고 전산시스템은 데이터가 발생하는 장소가 아니라, 그 이전에 발생한 데이터를 단지 저장할 뿐임을 잊지 말자.

:: 확인사살 필요

'샘플을 잘 선정했고 데이터 수집계획도 공유했다. 그리고 측정시스템도 이상 없었다. 그러므로 수집한 데이터는 올바른 데이터이다. 이제 멋진 통계기법을 사용해서 합리적인 결론을 내리면 된다.'

과연 그럴까? 아니다. 아무리 데이터 수집단계에 충실하였어도 예기치 못한 사유로 잘못된 데이터가 포함될 수도 있다. 다된 밥에 코 빠뜨리지 않기 위해서라도 수집한 데이터에 확인사살이 반드시 필요하다.

이때 가장 흔히 사용하는 도구가 런 차트(Run Chart)이다. 런 차트는 데이터를 발생일자 순으로 타점하여 이상데이터 존재 여부를 확인하는 방법이다. 이때 이상데이터가 발견되면 현실적인 조치가 중요한데, 가장 먼저 해야 할 것은 이상데이터의 수집시점을 확인하여 잘못이 없는지 조사하는 것이다. 만약 잘못된 점이 발견되면 데이터를 수정하든가 아니면 수집한 데이터에서 제거한다. 그러나 문제점을 발견하지 못하였다면 이상데이터를 수집데이터에서 제거해서는 안 된다.

"왜 다들 프로젝트 할 때 데이터 수집이 가장 힘들다고 하는지 이제야 알겠네요.
전산시스템에서 그냥 출력하면 되는 줄 알았는데…"

"사실이라네. 하지만 올바른 데이터를 수집했다면 프로젝트의 50%이상을 완료한 것이나 다름없다네.
그러니 아무리 힘들어도
데이터 수집단계에 충실해야 하겠지?"

변동은 모든 공정에서 발생한다. 일반 원인으로 말미암은 변동은 공정에서 일반적으로 발생할 수 있는 자연스러운 현상이다. 특수 원인에 의한 다른 형태의 변동은 시스템 외부에서 발생하며 데이터에서 눈에 띄는 패턴, 이동 또는 추세를 야기한다. 런 차트는 특수 원인이 공정에 영향을 주는지를 추세, 진동, 혼합 및 군집화로 검증하는 방법이다.

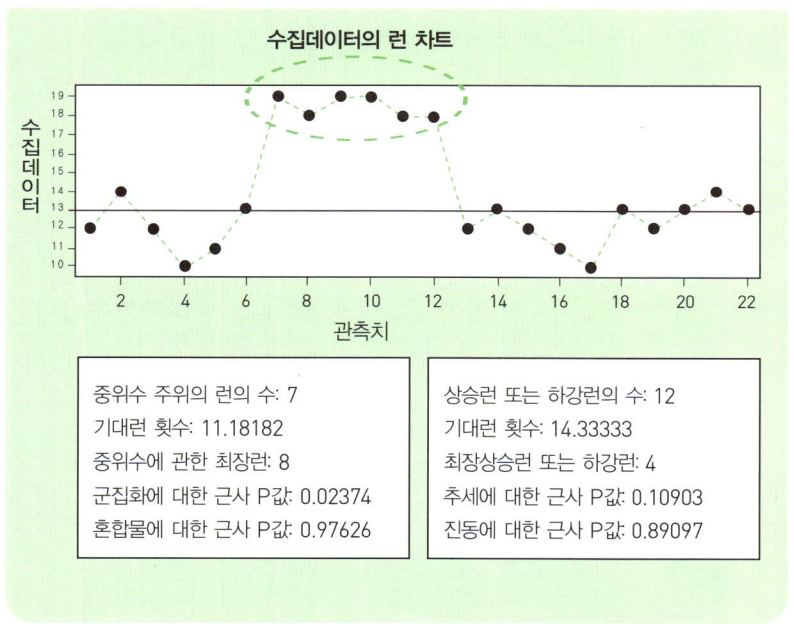

수집데이터의 런 차트

중위수 주위의 런의 수: 7	상승런 또는 하강런의 수: 12
기대런 횟수: 11.18182	기대런 횟수: 14.33333
중위수에 관한 최장런: 8	최장상승런 또는 하강런: 4
군집화에 대한 근사 P값: 0.02374	추세에 대한 근사 P값: 0.10903
혼합물에 대한 근사 P값: 0.97626	진동에 대한 근사 P값: 0.89097

위의 런 차트에서 7~12번 데이터는 다른 데이터와는 패턴이 다르다. 그리고 그래프 하단의 군집화의 P값이 0.05보다 작다. 따라서 이들 데이터는 다른 특성을 지닌 이상데이터로 의심하고 수집 당시의 상황을 조사하여 제거하거나 사용 여부를 판단해야 한다.

20 — 통계는 양날의 칼

드디어 얻었군.

이제 이 결론대로 프로젝트를 끌고 가면 완벽할 거야.

창 과장, 통계를 너무 맹신하는 것 같은데요.

6시그모- 프로젝트에 통계 이상 있나요?

시사점

▶▶ 통계는 어렵지만 의사결정의 정확성을 높이는 데 탁월하다.

▶▶ 통계는 잘 쓰면 약이지만 잘못 쓰면 독이 된다.

잘 쓰면 약, 잘못 쓰면 독

'통계'는 장점이 많다. 막연한 심증을 확실한 물증으로 바꿔주는 힘이 있으며, 구차한 설명 없어도 누구든지 똑같은 결론을 내릴 수 있게 객관적인 정보를 제공함으로써 의사결정의 정확성을 높이는 데 탁월하다. 이런 점 때문에 모든 개선활동에서 빠질 수 없는 도구이다.

6시그마 또한 통계의 장점을 적극적으로 활용함으로써 그 어떤 개선 활동보다 '합리적이고 과학적인 문제해결 방법론'이라는 평가를 받는데, DMAIC 추진절차가 통계적 개념과 철저하게 연계되어 있는 것만 봐도 짐작할 수 있다.

Define	개선기회(문제)를 정의할 때 통계적 결론을 활용한다. 주로 '산포'가 큰 것이 문제이다.
Measure	CTQ 선정, 데이터 수집, 데이터 정합성 확인, 시그마 수준 산출 과정에서 사용한다.
Analyze	통계 기법을 가장 많이 활용하는 단계이다. 층별화 분석, 핵심인자 검증에 사용한다.
Improve	최적조건 도출을 위한 실험계획법(DOE)에 통계기법이 망라되어 있다.
Control	개선성과 검증과 개선 프로세스를 유지하기 위한 통계적 공정관리(SPC)에 사용한다.

:: 분석 단계에서 활용하는 통계 기법

- 층별화 단계

4M1E 관점에서 프로세스를 쪼개봄으로써 구체적이면서 중점적인 개선영역을 확인하는 목적에서 사용한다. 주로 그래프 분석을 많이 사용한다.

– 파레토 차트, 다변량 차트, 히스토그램, 산점도, 관리도 등

- 핵심인자 검증 단계

데이터가 있는 잠재인자가 CTQ와 관련성이 있는지 분석하여 핵심인자를 정할 때 사용한다.

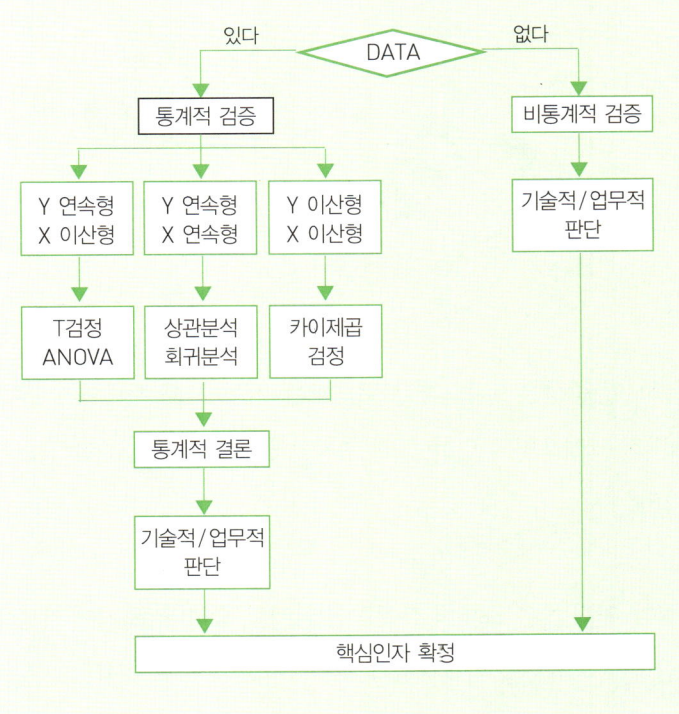

그러나 통계의 장점만 볼 일은 아니다. 6시그마를 추진하는 회사가 한 번씩 겪는 일이지만 통계의 병폐도 주목해야 할 부분이다.

그중에 대표적인 것이 '6시그마＝통계'라고 생각하는 '통계 편집증'인데, 6시그마 초창기에 통계 일변도 교육을 받거나 6시그마 분위기를 '통계 위주의 품질향상'에 초점을 맞춰 몰아갈 때 쉽게 나타날 수 있는 증상이다.

특히 이 증상은 6시그마 프로젝트를 처음 하는 사람에게 잘 나타나는데, 멋진 그래프와 현란한 통계 수치가 들어가야만 훌륭한 프로젝트인 줄 착각하는 사람이 그렇다.

'통계 편집증'은 조류 독감처럼 전염성도 강하다. 초기에 예방하지 않으면 심각한 부작용을 나타내는데, '통계가 어려워 프로젝트를 못하겠다'는 핑곗거리를 제공함으로써 6시그마 확산에 걸림돌이 될 수 있다.

"창 과장, FMEA 분석에서 위험도가 '순위로 나온 '용접 강도'
는 어디에다 팔아먹었나?"

"데이터 측정을 할 수 없어 버렸어요.
파괴검사를 해야 하는데 불가능하거든요."

"역시 그랬군. 자네도 편집증에 빠진 듯하이. 아무 거리낌없이
1순위 위험요인을 버리다니 말이야. 장담하는데 자네 프로젝트는
열심히 개선해 봤자 목표달성이 어려울 거야."

"통계 분석하느라고 생고생했는데
그런 악담이 어디 있어요?"

"두 가지 이유 때문일세.
첫째는 '용접 강도'의 영향만큼 개선을 포기한 것이고,
둘째는 자네가 사용한 데이터를 보니 통계 결론을 믿을 수
없기 때문이야."

"통계 결론이 가장 확실한 증거라고 말해 놓고선
이제 와서 믿지 못하겠다면 어떡하라고요?"

"미안하네.
통계를 잘못 쓰면 독이 된다는 사실을 진작 알려주지 못한
내 잘못이야. 그러니 이제라도 잘 들어보게."

통계가 '독'이 되는 사례 몇 가지

:: 데이터가 없다고 핵심인자에서 제외한다

6시그마 프로젝트가 결과(Y)와 원인(X) 사이의 관계를 규명하는 활동이라면, 가장 이상적인 개선은 각각의 X인자가 Y에 미치는 영향이 어느 정도인지 계량화하고 그중에서 핵심 인자를 개선하는 것이다.

그러나 현실은 그렇지 못하다. 변동 정도를 계량화하기 위해서는 반드시 데이터가 필요한데 측정시스템이 아예 없거나, 측정 가능해도 비용이 너무 많이 들어 그 자체가 오히려 낭비일 경우도 있다.

이런 X인자를 통계 분석이 안 된다고 핵심인자에서 빼면 통계 때문에 빚어진 '최악의 개선'이 되고 말 것이다.

:: 엉터리 데이터로 얻은 통계 결론을 그대로 믿는다

"성과가 안 나와도 좋으나 데이터를 속이는 것은 용서하지 않겠다."라고 외친 유명한 분의 말을 새겨야 한다. 통계의 근본이 데이터인 만큼 데이터의 신뢰성이 중요하다는 말이다.

그런데 데이터의 안정성과 투명성을 확인하지도 않고 통계 결론이라는 이유만으로 믿는다면 '엉터리 개선'이 되고 말 것이다.

:: 통계의 현란함에 유혹되어 억지로 만든다

통계 분석 툴을 이용한 결과는 화려해 보인다. 그래서 멋있게 보이기 위해 불필요한 시간과 노력을 낭비하는 경우가 있다. 비빔밥을 만드는 데 토마토 케첩이 빨갛다고 대신 넣는다면 그것이 오므라이스이지 어찌 비빔밥이겠는가? 즉, 통계 분석은 목적에 맞아야 빛을 발휘할 수 있다.

:: 통계 수치를 맹목적으로 읽는다

X_1, X_2, X_3 3개 인자를 대상으로 유의수준 1%에서 검정을 실시하였더니 『X_1 P값; 0.005, X_2 P값; 0.041, X_3 P값; 0.012 』가 나왔다. 이때 X_2와 X_3는 핵심인자가 아닐까?

유의수준 5%에서 통계검정을 했다면 3개 인자 모두 유의한 핵심인자가 될 수 있다. 이처럼 P값이라는 통계 수치를 맹목적으로 적용하여 X_2와 X_3를 버리면 '다 된 밥에 코 빠뜨리는 꼴'이 되고 말 것이다.

통계는 우리를 어렵게 하지만

아련한 추억…

고등학교 수학책 맨 뒤

해도 그만, 안 해도 그만

시간이 남아돌 때 선생님은 통계를 말씀하신다.

그냥 스쳐 지나가는 것 같더니

어언 세월이 흘러

이제 내 앞에 힘든 보따리를 풀어 놓는다.

T-검정, F-검정 그리고 ANOVA…카이스케어…

생전 듣도, 보도 못한 것들이 내 앞에

터~억, 버티고 섰을 때

우리는 어색함에 등을 돌린다.

또한,

밤낮으로 쓸어 모은 1, 2, 3, 4… 데이터가

한낱 쓰레기 더미에 불과할 때,

우리를 더욱 슬프게 한다.

통계학을 배우지 않은 사람에게 통계는 분명 어려운 대상임에 틀림없다. 하지만 데이터에 의한 통계가 의사결정의 정확성을 높여 합리적인 판단을 내리게 도와준다는 사실 또한 부인할 수는 없다. 그리고 정성적인 말과 감성적인 판단에 익숙해진 우리에게 사고의 전환을 꾀하게 도와주는 데 더할 나위 없이 좋은 도구임에도 틀림없다.

어려움을 극복하고 잘만 쓴다면…

핵심인자는 아무래도 '작업자의
무관심'과 '작업표준 미준수'
인 것 같습니다.

그건 핵심인자로
맞지 않은 것 같은데요.

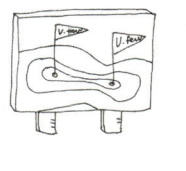

팀원 모두가 이구동성으로
그게 제일 문제라고 하던데,
그럼
핵심인자
아닌가요?

Vital few

핵심인자 그렇게 간단히
볼게 아닌데….

Vital few

시사점

▶▶ 핵심인자를 정하는 목적은 개선과 관리를 잘 하기 위함이다.

▶▶ 핵심인자는 측정, 통제, 실행 가능한 것이 좋다.

6시그마의 꽃, 핵심인자

'핵심인자'는 6시그마에서 가장 많이 사용하고 잘 알려진 용어이다. "핵심인자가 무엇이며 어떻게 선정하는가?"라는 질문에 6시그마 교육을 한 번이라도 받아 본 사람이라면 '그것도 몰라요?'라고 되물을 정도이다.

그러나 얼마나 정확히 알고 있으며, 프로젝트를 통해 올바르게 적용하고 있는지는 의문이다.

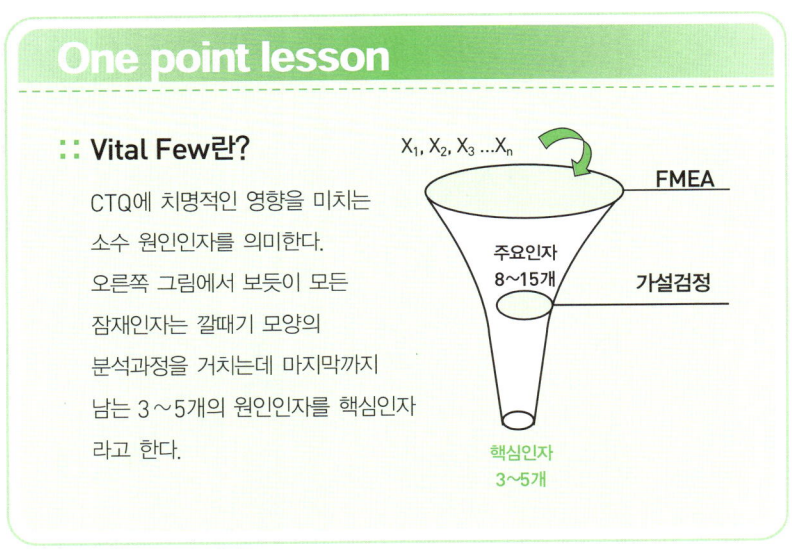

이처럼 복잡한 과정을 거쳐 핵심인자를 찾는 목적은 무엇일까? 앞에서도 밝힌 바 있지만 개선을 잘 하기 위함이다. 즉, 3~5개의 치명적인 원인을 '선택'하여 개선을 '집중'함으로써 적은 노력과 비용으로 큰 효과를 얻기 위해서이다.

:: 핵심인자 선정 방법

핵심인자 선정 방법은 프로젝트의 유형에 따라 다양하지만 대체로 다음 2가지로 구분할 수 있다.

① 통계검정   ② 이미 검증된 사실 조사

통계검정 방법은 결과(Y=CTQ)와 주요인자의 데이터를 수집하여 가설검정, 상관회귀분석 등으로 핵심인자를 선정하는 것으로 가장 효과적이며 흔히 사용하는 방법이다.

▶ **분산분석으로 핵심인자를 선정한 사례**

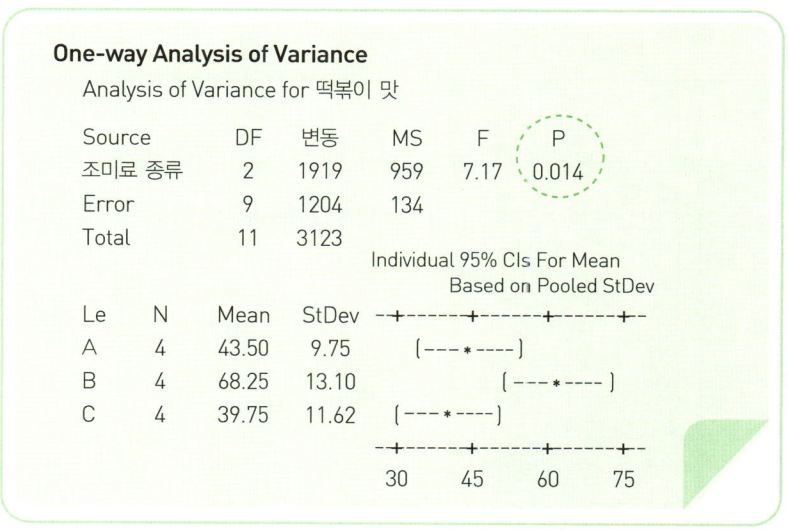

통계분석결과, P값이 0.05보다 작은 0.014이므로 조미료 종류 사이에는 통계적 차이가 있다. 즉, '조미료 종류는 핵심인자이다.' 라는 결론을 도출할 수 있다.

그러나 통계검정만이 핵심인자를 정하는 방법은 아니다. 넓게 보면 프로젝트 리더나 이해관계자가 반드시 맞다고 자신하는 상태를 확인하는 것도 하나의 방법이다. 예를 들면 학술적이나 이론적으로 이미 검증된 사실을 조사하고 확인하는 과정이 해당된다. 이런 관점에서 핵심인자를 선정하는 방법은 데이터 수집에 비용이 과다하게 소요되거나 많은 시간이 걸릴 때 사용하는데, 주로 철강산업 같은 장치산업에서 많이 적용된다.

▶ 이미 검증된 사실조사로 핵심인자를 선정한 사례

인자	내용	출처
결정립제어 (입계강화)	Fe-Cr-Al강은 전형적인 페라이트 조직 강으로서 페라이트 조직이 갖는 bcc 구조의 취약성…중략… 알려져 있다.	금속학회지, Vol. 38, No. 2, 2000.

금속학회지의 논문에 Fe-Cr-Al강의 취약성에는 결정립이 큰 영향을 준다고 되어 있으므로 별도의 검정 없이 핵심인자로 선정해도 된다.

방법에 너무 치중하면
본질을 잃을 수 있다.
중요한 것은 방법이 아니라
검증 결과에 대한 신뢰도이다.
그리고 통계분석만이
신뢰도가 높은 것은
아님을 명심하자.

핵심인자가 갖추어야 할 조건

지금까지 알아 본 것처럼 잠재인자를 도출하여 통계적 방법이나 이미 검증된 사실 조사로만 핵심인자를 정하면 될까? 핵심인자가 되기 위한 다른 조건은 없을까?

:: 근본원인을 찾아서 핵심인자로 정하라

가장 완벽한 개선은 다시는 재발하지 않게 근원적으로 개선하는 것이다. 핵심인자도 이런 관점에서 정해야 한다. 겉으로 드러난 원인은 문제를 일으키는 근원적인 원인이 아닌 경우가 많다. 귀찮다고 이런 원인을 핵심인자로 정하면 반드시 재발한다.

 **제퍼슨 기념관의 벽면을 부식시킨 핵심인자는?**

제퍼슨 기념관의 벽이 심하게 부식되어 보수가 불가피했다. 그래서 이 문제를 해결하기로 했다. 어떻게 보면 이 문제의 해법은 아주 간단하다. 즉, 부식된 벽의 돌을 새것으로 교체하면 된다. 그러나 여기서 간과하지 말아야 할 것은 '앞으로는 벽의 돌이 더 부식되지 않느냐' 하는 것이다. 이 질문에 'Yes'라고 대답할 수 없으면 진정한 개선이 아니다.

그렇다면 돌이 부식되는 근본원인은 무엇이었을까? 왜 그런 걸까?

근본원인을 찾아가보자. 벽면 돌의 부식은 청소부의 잦은 벽면 청소 때문이며, 잦은 청소는 벽에 묻은 비둘기똥을 제거하기 위함이며, 벽면의 비둘기똥은 벽에 붙은 거미를 비둘기가 잡아먹을 때 발생하며, 거미가 벽에 많은 이유는 나방이 벽에 많이 붙어 있기 때문이며, 나방이 벽에 많은 이유는 해질 무렵 기념관 벽의 불빛 때문이었다.

그럼 왜 나방은 불빛을 찾아 모여드는 것일까? 그것은 알 수 없다.

아마도 DNA에 그러한 본능이 내장되어 있기 때문일 것이다. 더는 '왜'라는 질문에 답이 없다. 이제 '왜'의 원천(근본원인)에 도달한 것이다. 따라서 제퍼슨 기념관 벽면 돌이 부식되는 근본원인, 즉 핵심인자는 '해질 무렵 켜는 벽의 조명등'이 된다. 그리고 개선안은 나방이 모이는 시간대에 불을 켜지 않는 것이다.

"원 MBB님이 '작업표준 미준수'가 핵심인자가 아니라고 한 이유도 근본원인이 아니기 때문이군요."

"그렇죠. '작업현장에 작업표준 미비치' 같은 더 하위의 원인을 찾아야 합니다.
만약 '작업표준 미준수'를 핵심인자로 정했다면 '작업표준 준수'라는 막연한 개선안밖에 나올 수 없겠지요.
그러나 '작업현장에 작업표준 미비치'라고 하면 간단하게 작업표준만 비치하면 해결되지 않을까요?"

"그렇군요!"

:: 문제를 발생시키는 원인 공정에서 핵심인자를 찾아라

제품을 생산하는 공정에는 문제를 일으키는 공정과 발생한 문제를 처리하는 공정이 있다. 이미 발생한 문제는 눈에 잘 보이기 때문에 조치가 쉽다. 그러다 보니 쉽게 접근할 수 있는 공정에서 핵심인자를 찾는 잘못을 범하는 경우가 많다.

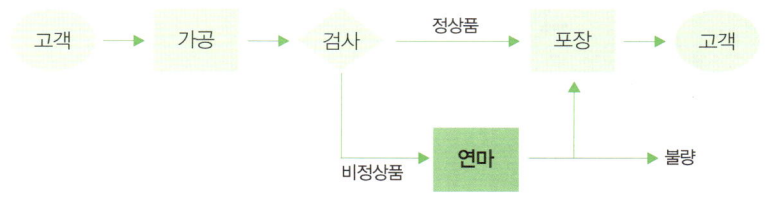

위의 공정에서 비정상품을 처리하는 연마공정에서 핵심인자를 선정하면 일순간 '불량'은 줄일 수 있으나, 비정상품은 줄어들지 않는다. 연마공정을 믿고 오히려 더 많은 비정상품을 양산할 수도 있다. 그러므로 일순간의 개선결과에 집착하여 핵심인자를 잘못 정하면 안 된다.

:: 핵심인자는 측정, 통제, 실행 가능해야

근본원인에서 핵심인자를 정하더라도 핵심인자가 되려면 마지막 관문을 통과해야 한다. 즉 '개선과 관리'가 가능하게 3가지 조건을 어느 정도 만족해야 비로소 핵심인자가 될 수 있다.

측정, 통제, 실행이 가능해야 한다. 특히 '측정'은 실험계획법(DOE) 같은 강력한 툴을 통해 최적의 조건을 찾을 때는 필수적인 조건이다. 또한 통계적 공정관리(SPC) 같은 합리적인 방법으로 프로젝트 사후관리를 잘하기 위해서도 마찬가지다. 핵심인자를 도저히 측정할 수 없다면 대용할 수 있는 인자를 찾는 노력도 필요하다. 그조차도 안 된다면 할 수 없지만…

22 ___ 개선안이 제대로 효과를 발휘하려면

음. 최적의 개선안이 도출되었군.

강주은!
여기 끝내주는 개선안이 있습니다.
적용하세요.

이건 우리 실정에 맞지 않는데요.

이 좋은 옷을 왜 입지
않으려고 하지.

시사점

▶▶ 아무리 좋은 개선안도 실행력이 없으면 효과를 보장할 수 없다.
▶▶ 이해관계자 검토와 '―'효과 검증은 진정한 개선을 위함이다.

실행되지 않으면 개선안이 아니다

우리나라 국책사업 가운데 실행단계에서 어려움에 봉착해 시간을 허비한 경우를 쉽게 찾아 볼 수 있다. 새만금 간척사업이 그러하였으며, 부안 핵폐기물 처리장 건립사업은 아예 포기까지 했다. 많은 시간을 투자하여 전문가들이 검토를 거듭한 끝내주는 개선안이 왜 실행되지 못하였을까?

현실을 무시한 아이디어를 도출했거나 적용될 현장에 맞지 않으면 그럴 수 있다. 또한 개선안 실행에 따른 반대급부가 너무 클 수도 있다. 그러므로 개선안을 도출하고 나면 '어떻게 실행력을 증대할 것인가?'를 고민해야 한다. 개선안이 제대로 실행되게 다음 두 가지 사항을 반드시 짚어봐야 한다.

① 이해관계자 검토
② 전체최적화('—' 효과 검토)

이해관계자에게 물어봐라

일반적으로 사람은 자신이 참여하여 결정한 사항은 잘 지키지만 그렇지 않은 것은 소홀히 한다. 자신이 일하는 방법을 바꾸는 것이라면 더욱 그러하다. 그러므로 개선안이 제대로 효과를 발휘하려면 이해관계자 모두가 인정하고 따라야 한다.

대개 개선안과 관련된 이해관계자는 다수이지만 개선안을 제대로 인지하고 있는 이해관계자는 프로젝트 추진 팀원에 지나지 않는다. 그래서 개선안을 실행하기 전에 프로젝트 팀원 이외의 이해관계자에게 개선안을 설명하고 공유하여 실행력을 높이는 것이 필요한데 이 과정을 '이해 관계자 검토'라 한다.

One point lesson

:: 이해관계자는 누구인가?

어떤 일을 할 때 직·간접적으로 영향을 받는 —손해를 보거나 이익을 보는— 사람을 말한다. 개선안 실행 관점에서 돈 이해관계자는 '개선안을 직접적으로 실행하는 사람(①)', '개선안 실행에 의해 영향을 받는 사람(②)', '개선안이 실행되는 프로세스의 오너(③)가 있다.

제조공장의 예로 이해관계자(①, ②, ③)를 살펴보면,
① = 해당 공정 작업자, 해당 공정 현장관리자
② = 후 공정 작업자, 후 공정 현장관리자 등
③ = 공장장, 팀장

:: 이해관계자 검토는 언제?

사실 프로젝트 시작단계부터 이해관계자가 존재함을 인식하고 그들이 누구이며 무엇을 주장하는지, 프로젝트 추진에 어떤 영향을 줄지 검토하는 것이 바람직하지만, 이 단계에서는 개선안이 구체화되지 않았으므로 이해관계자를 명확히 알 수 없다. 그래서 이해관계자 검토는 흔히 생략되기도 한다. 그러나 개선안이 선정된 시점에는 이해관계자가 명확해지므로 반드시 이해관계자 검토를 해야 하는데, 이를 그림으로 나타내면 다음과 같다.

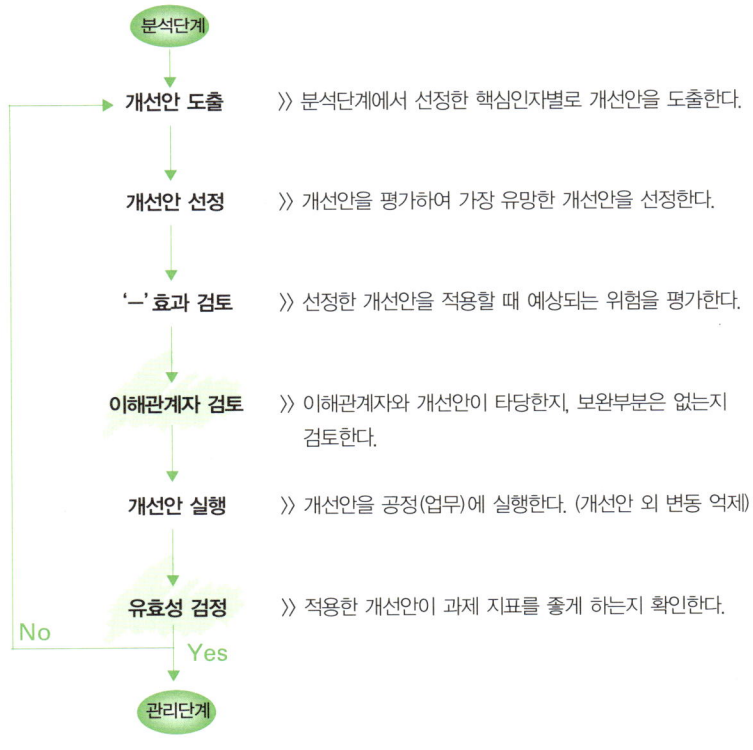

분석단계	
개선안 도출	〉〉 분석단계에서 선정한 핵심인자별로 개선안을 도출한다.
개선안 선정	〉〉 개선안을 평가하여 가장 유망한 개선안을 선정한다.
'−' 효과 검토	〉〉 선정한 개선안을 적용할 때 예상되는 위험을 평가한다.
이해관계자 검토	〉〉 이해관계자와 개선안이 타당한지, 보완부분은 없는지 검토한다.
개선안 실행	〉〉 개선안을 공정(업무)에 실행한다. (개선안 외 변동 억제)
유효성 검정	〉〉 적용한 개선안이 과제 지표를 좋게 하는지 확인한다.
No / Yes	
관리단계	

∷ 이해관계자 검토는 어떻게?

이해관계자 검토는 개선안이 적용될 현장에 적합한지 확인하는 것이다. 그러므로 다음을 검토하는 것이 좋다.

① 현장의 여건을 고려할 때 적합한지 검토한다.
② 모든 이해관계자에게 개선안을 설명하고 공유한다.

이해관계자 검토 사례

개선안		현재 열처리 온도(1050±30℃)는 물성치 불량을 유발하므로 실험결과를 반영하여 1000±10℃로 변경한다.
참여자		프로젝트 추진자 현업 공장장, 열처리 직원, 열처리담당 현장관리자 시험실의 물성치 값 측정 직원
검토 결과 와 보완	검토결과	열처리온도를 변경하면 물성치 불량이 감소한다는 것은 실험으로 증명되었다. 그러나 현자 설비로는 ±10℃를 유지한다는 것은 불가능하다.
	보 완	온도관리시스템을 변경: 수동 → 자동

:: 지키고 싶어도 지킬 수 없다면

다른 사람이 개선안을 잘 지켜주지 않아서 개선효과가 나쁘다고 흔히들 이야기한다. 이것은 개선안을 잘 지키지 않은 사람에게도 잘못이 있지만 프로젝트 추진 팀의 잘못이 더 크다. 왜냐하면 이해관계자가 개선안을 잘 지킬 수 있게 하는 것도 프로젝트 추진 팀의 큰 역할이기 때문이다. 앞의 이해관계자 검토 사례는 이런 상황을 잘 설명해준다.

열처리 직원은 개선안을 지키고 싶어도 온도관리 시스템이 보완되지 않으면 지킬 수 없다. 이것이 과연 누구의 잘못인가!

모든 개선활동의 길목에는 이해관계자가 있다. 그들을 우군으로 만든다면 현실적인 장벽은 반드시 무너뜨릴 수 있다.

개선안은 전체 최적화가 중요

개선안이 효과를 제대로 발휘하지 못하는 또 하나의 원인은 개선안이 전체최적화를 추구하지 않기 때문이다. 불량을 개선할 때 생산성이 저하되는 경우와 같이 일반적으로 개선안은 여러 개의 다른 결과에 영향을 미친다. 내 프로젝트의 지표를 개선하기 위한 개선안이 내 프로젝트의 지표뿐만 아니라 그 개선안이 적용될 공정의 다른 지표는 물론 전·후 공정의 지표에도 영향을 준다. 개선안을 적용하기 전에 이러한 문제를 검토하지 않는다면 프로젝트 지표 개선에 의한 순영향보다 다른 지표에 끼친 악영향이 더 커서 실패비용이 증가할 수도 있다. 그러므로 전체 최적화를 위해서 개선안에 대한 악영향을 반드시 검토해야 하는데, 이것을 '—효과검정'이라고 한다.

'—효과검정' 흐름을 좀더 상세히 표현하면 다음과 같다.

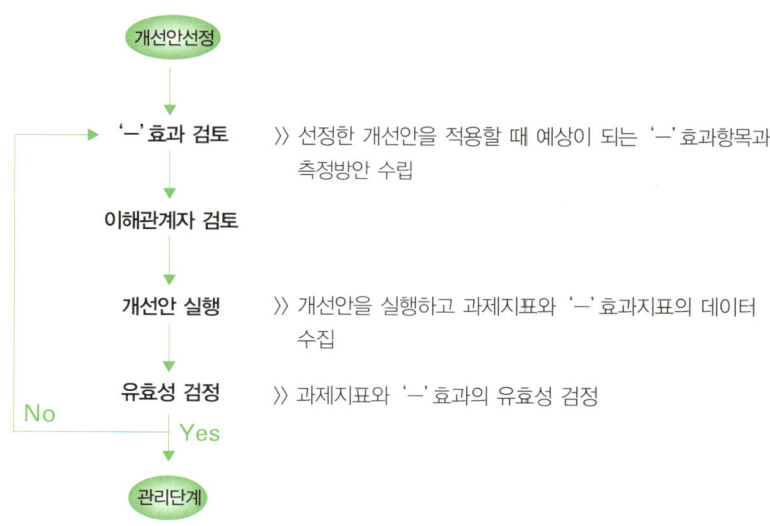

:: '—'효과지표도 유효성 검정을 실시하라

개선안은 하나의 지표에만 영향을 주는 것이 아니라고 했다. '—'효과가 있을 것으로 예상되면 개선안 적용 후 프로젝트 지표에 대한 데이터뿐만 아니라 '—'효과에 대한 데이터도 수집하여 유효성을 검정해야 한다.

그래야만 개선안이 전체 최적화를 이룰 수 있는지 알 수 있다.

유효성 검정대상은 ⟩⟩ ① 프로젝트 지표
② '—'효과지표

유효성 검정 대상에 따른 검정 개념과 가설은 아래 도표와 같다. 핵심은 과제지표는 개선되어야 하지만 '—'효과지표는 최소한 나빠지지 않아야 한다는 것이다.

▶ 검정 개념과 가설

유효성 검정대상	검정개념	가설	
		귀무가설	대립가설
프로젝트 지표	개선되어야 한다	개선 전, 후 차이가 없다	개선 후가 개선 전보다 좋다
'—' 효과 지표	최소한 나빠지지 않아야 한다		개선 후가 개선 전보다 나쁘다

왜 '—'효과의 유효성 검정이 중요한지 다음 사례로 알아보자. ○○불량을 개선 중인 강 주임의 개선안은 '○○툴'의 사용온도를 현재보다 10℃ 높이는 것이며, 이 개선안을 실행하면 툴의 수명이 줄 것으로 예상되었다. 그래서 개선안 적용 후 프로젝트 지표인 불량데이터와 '—'효과지표인 툴 수명을 모두 측정하고 유효성 검정을 실시하였다.

▶ **유효성 검정결과**

구분	검사량	프로젝트 지표			'—'효과 지표	
		양	%	유효성검정결과	Tool 수명	유효성검정결과
개선 전	12345	247	2.0	P값 0.01	300Hr	P값 0.01
개선 후	15432	154	1.0		250Hr	

위의 표에서 알 수 있듯이 불량은 개선되었지만 툴수명은 오히려 떨어졌다. 이와 같은 경우 개선안 실행에 신중을 기하여야 한다. 그러나 '—'효과가 있다고 해서 반드시 개선안을 실행하지 않는 것은 아니다. 개선안에 의한 순영향과 악영향을 비교하여 순영향이 크면 개선안을 실행할 수도 있다. 다시 말해 불량개선에 의한 절약비용이 툴수명 감소에 의한 손실비용보다 많은 경우에는 전체 최적화 차원에서 실행할 수도 있다.

"개선안만 있으면 저절로 개선되는 줄로만 알았는데, 이해관계자 검토와 'ㅡ' 효과 파악이 매우 중요하군요."

"당연하지. 개선효과를 지속적으로 유지하고 진정한 효과를 얻기 위해서는 반드시 이해관계자 검토와 'ㅡ' 효과 파악을 해야 한다네. 흔히들 말하는 '6시그마 프로젝트로 100억 원 벌었다는데, 회사의 이익은 왜 그보다 못합니까?'에 대한 답이 여기에 있지. 즉 개선안을 적용하였을 때 그 개선안이 적용된 프로세스의 가치를 창출해야만 진정한 개선이고 전체 최적화가 되었다는 점을 항상 염두에 두기 바라네."

One point lesson

:: 유효성 검정을 위한 데이터의 조건

개선안에 의한 변동 —Yes→ 유효성 검정용 데이터 ←No— 다른 인자에 의한 변동

유효성 검정의 목적은 개선안의 효과 여부를 확인하는 것이다. 그러므로 유효성검정 데이터에는 개선안에 의한 변동만 포함되어야 한다. 다른 인자에 의한 변동이 포함되면 유효성 검정결과의 신뢰도는 떨어진다. 즉, 유효성 검정용 데이터는 짧은 기간 동안 개선안만 반영된 조건에서 데이터를 수집해야 한다. 공정의 모든 변동이 포함된 데이터를 수집하는 프로젝트 효과 파악용 데이터와는 구별해야 한다.

23 __ 개선 프로세스의 주인은 누구

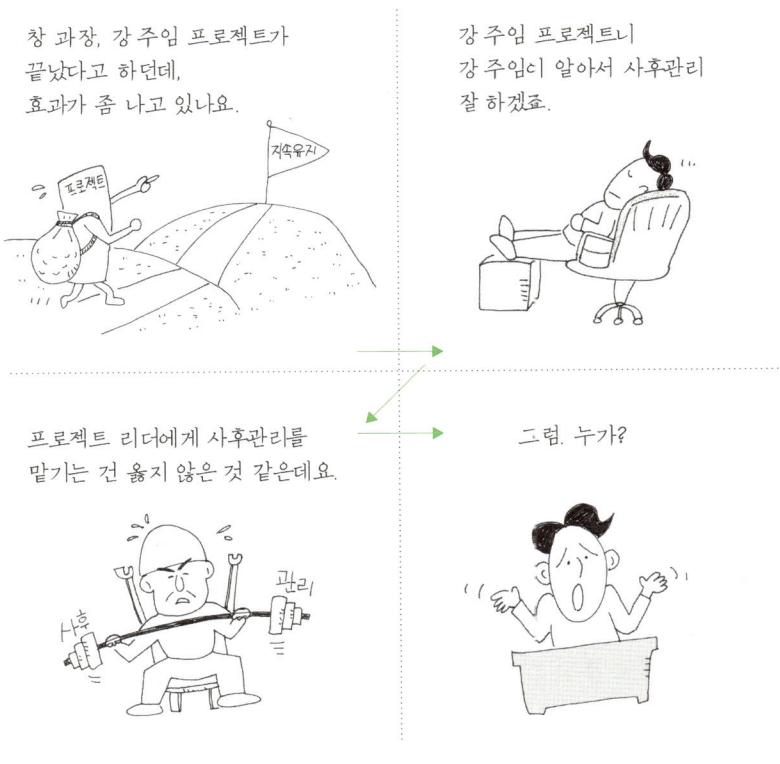

창 과장, 강 주임 프로젝트가
끝났다고 하던데,
효과가 좀 나고 있나요.

강 주임 프로젝트니
강 주임이 알아서 사후관리
잘 하겠죠.

프로젝트 리더에게 사후관리를
맡기는 건 옳지 않은 것 같은데요.

그럼. 누가?

시사점

▶▶ 개선안 실행과 사후관리의 주인은 프로세스 오너이다.

▶▶ 프로세스 오너에게 활력을 주자.

프로젝트 리더는 도우미일 뿐

"자네 집을 생각해보게.
아이들 문제, 집안 대소사 등 중요한 일이 있을 때
최종 결정을 누가 내리지?"

"예전에는 내가 결정했지만 요즘은 마누라 입김이
워낙 거세서 내 주장이 먹히질 않아요."

"자네도 이제 다 되었구먼.
집사람이 워낙 여장부니까 그럴 수도 있지만
자네가 집안 어른 역할을 제대로 못했기 때문 아닐까?"

6시그마 프로젝트에서도 마찬가지다. 개선대상 프로세스를 운영하는 공장장(팀장)이 최종적으로 판단하고 책임진다. 프로젝트 리더는 프로세스 오너를 대신해서 프로젝트를 실행하는 도우미일 뿐이다.

또한 프로젝트 추진 팀은 일정기간 동안 문제해결을 위해 임시로 구성된 조직에 불과하다. 프로젝트 리더는 프로젝트를 완료하면 본연의 업무로 복귀한다.

따라서 개선안을 현장에 적용하고 개선된 프로세스를 관리하는 것은 프로세스 오너의 몫이다. 만약에 프로젝트 리더에게 떠맡긴다면 프로세스 오너는 책임을 회피하는 꼴이 된다.

프로세스 오너의 역할은

프로세스 오너는 현재, 그리고 개선된 프로세스를 사용하는 현업 프로세스의 관리자로서 개선안 실행 시 조직과 자원을 지원하고, 앞으로 개선된 프로젝트 관리와 성과측정, 진행을 맡게 된다. 프로세스 오너가 프로젝트 시작부터 끝까지 함께하면서 조력자 역할을 다할 때 프로젝트 성과를 보장받을 수 있다.

:: 개선안을 검토하고 최종 승인

개선안을 프로세스에 실행하기 전에 개선안에 대한 타당성, 실행 가능성, 개선효과, '―' 효과 등을 실무적 입장에서 검토하고 문제가 없으면 최종적으로 승인한다. 문제가 있으면 프로젝트 리더에게 알리고 문제를 해결하게 지원한다.

▶ 프로세스 오너 승인 양식

▶ 프로젝트: 떡볶이 맛 개선으로 매출증가 ▶ 리 더: 요리사 ▶ 팀 원: 주방보조			승인	
인자 유형	핵심 인자	개선안		검토 결과
정성적 인자	프라이팬 종류	소금이 탈 때까지 구운 후 사용		
정량적 인자	채소 신선도	저장소 보관온도 = 4±1℃ 저장소 보관시간 = 3.5±1.0Hr		

"이해관계자 검토 과정에서 하는 일과 비슷하네요.
두 가지를 같이하면 안 되나요?"

"필요에 따라서는 동시에 해도 무방하네.
또한 특별한 양식에 구애 받을 필요도 없어.
중요한 것은 프로젝트팀과 프로세스 오너가
한자리에 모여 개선안을 최종적으로 점검하는
기회를 갖는 점이라네."

"돌다리도 한 번 더 두드려보고 건너자는 말이군요!"

∷ 관리계획을 포함한 프로젝트 전반을 받아서 실행

프로젝트 리더는 프로세스 오너에게 모든 것을 양도한 다음, 자유로워
질 수 있다. 양도 내용은 '프로세스 관리계획'은 필수적이며, 그동안 알아
낸 정보와 원데이터까지를 포함한 프로젝트 전반적인 내용이다.

이때부터 사후관리 책임은 프로세스 오너에게 넘어간다. 프로세스 오너
는 관리계획을 기반으로 개선된 프로세스를 관리상태로 운영하고 프로젝
트 성과지표를 계획적으로 모니터링 해야 한다.

그렇지만 실무적인 일처리는 프로젝트 리더가 계속하는 경우가 더 많
다. Off-job이 필요한 BB프로젝트를 다시 수행하거나 소속 또는 직무가
변경되지 않는 한 프로세스 오너의 지휘 아래 있기 때문이다.

프로세스 오너는 항상 피곤

프로세스 오너는 6시그마 활동에서 중추 역할을 한다. 위로는 챔피언의 의지와 철학을 현장에 구현하고, 아래로는 소속 직원들을 리드해야 한다. 또한 옆으로는 부서간 문제를 풀어야 한다. 그러면서도 자신이 맡은 프로세스를 항상 안정상태로 유지해야 하니 얼마나 피곤하겠는가?

피곤한 프로세스 오너에게 활력을 주자!
적절한 보상도 좋지만 가끔은 일상에서 벗어나 몸과 마음의 여유를 갖게 '열린 토론회' 같은 공식적인 자리를 마련하는 것도 괜찮은 방법이다. 그들이 지쳐 쓰러지면 6시그마도 힘을 쓰지 못하기 때문이다.

▲ 포스코특수강 프로세스 오너 열린토론회 모습

24 — 최악의 관리도구는 관리계획

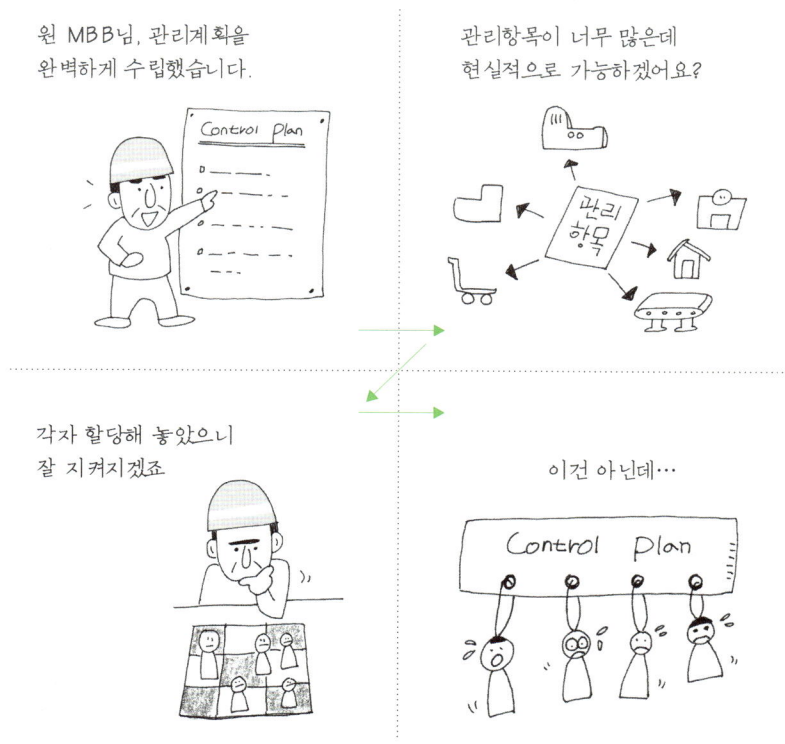

원 MBB님, 관리계획을
완벽하게 수립했습니다.

관리항목이 너무 많은데
현실적으로 가능하겠어요?

각자 할당해 놓았으니
잘 지켜지겠죠

이건 아닌데…

▶▶ 관리를 쉽게 하는 최선의 방법은 원칙과 체계를 지키는 것이다.
▶▶ 관리계획은 사람이 지키는 것이다. 가능한 한 편안해야 한다.

관리는 체계와 원칙이 있다

6시그마가 과거 개선활동보다 우수한 점은 여러 가지 있지만 많은 사람들이 '프로세스 관리'가 있기 때문이라고 말한다.

다른 개선활동에서도 사후관리는 있었지만 6시그마에 비해 체계적인 접근을 하지 않았다. 그러다 보니 개선 성과가 옛날로 회귀하는 경우가 다반사였고 이를 경험한 사람들은 개선활동 자체를 불신하였다.

과거의 쓰라린 경험 때문인지, 아니면 합리적이고 체계적인 일처리를 지향하는 서양문화 때문인지 몰라도 6시그마에서는 프로세스 관리를 대충하지 못하도록 시스템적인 접근을 요구한다.

즉, 개선 성과뿐만 아니라 프로세스 전체의 관리상태를 효율적으로 유지하기 위하여 '관리 시스템'을 만들라는 얘기다.

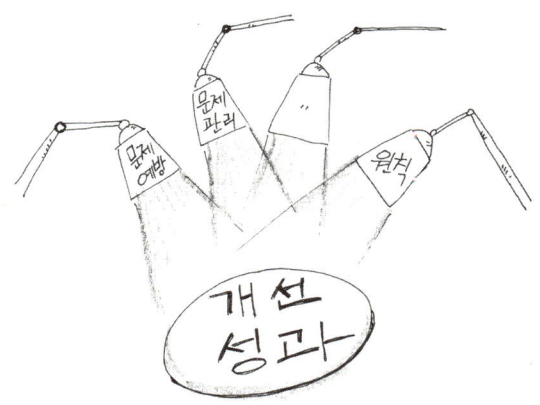

"요즘은 '시스템'이란 단어가 안 들어가는 데가 없네요. 도대체 '관리 시스템'의 정체가 뭐죠?"

"어렵게 생각할 필요 없어요. 간단하게 설명하면, 관리의 '체계'와 '원칙'을 먼저 이해하고 그것에 맞게 프로세스를 관리하자는 것이지요."

:: 관리의 체계란?

여러 가지 관리방법을 '문제 예방'과 '문제 관리'라는 두 가지 큰 범주로 분류하여 관리하는 것을 말한다.

- 문제 예방: 프로세스가 이상상태가 되기 전에 문제를 차단하거나 예방하는 목적의 관리이다. 실수방지(Mistake Proofing), 위험관리(Risk Management)가 해당된다.
- 문제 관리: 문제 예방이 어려운 경우에 적용하는 관리이다. 관리계획, SPC, 표준화 등이 해당된다.

:: 관리의 원칙이란?

관리방법을 적용할 때 기본적으로 지켜야 할 룰이다. 대원칙과 5가지 기본원칙이 있는데 '문제 관리'에 해당되는 거의 모든 관리기법에 적용된다.

- 대원칙: Y가 아닌 X를 관리하라.
- 5가지 기본 원칙

    ① 관리 대상을 정하라.

    ② 관리 방법을 정하라.

    ③ 담당자를 지정하라.

    ④ 측정(확인) 주기를 정하라.

    ⑤ 관리 이탈 시 조치를 강구하라.

관리의 체계와 원칙은 프로세스 관리를 쉽게 할 수 있게 도와준다. 그대로 따라하면 막연한 관리가 손에 잡히게 해준다. 특히 '문제 예방' 측면의 관리가 제대로 실행된다면 끊임없이 사람이 통제해야 하는 '문제 관리'에서 해방될 수 있다.

"관리 하면 관리계획밖에 없는 줄 알았는데
여러 가지 기법이 있네요."

"다들 그렇게 생각하죠.
하지만 관리계획은 기본일 뿐입니다.
그리고 잘못 쓰면
가장 최악의 관리기법이 되기도 하고요."

"최악이라고요?"

관리계획은 최후의 보루

프로젝트 관리단계에서 대미를 장식하는 것은 역시 관리계획이다. "개선 성과를 지속적으로 유지한다"는 명목 아래 거의 모든 프로젝트에 어김없이 등장한다. 하지만 계획대로 지켜질지는 미지수다. 관리의 체계에서 관리계획이 차지하는 위치를 살펴보면 그 이유를 알 수 있는데, 실수 방지와 달리 사람이 일일이 간섭해야 관리가 가능한 '문제 관리' 방법이기 때문이다.

이런 이유로 관리계획에 들어가는 관리항목이 너무 많거나 관리 방법을 지키기 어려우면 사람들이 힘들어 하는 것은 당연하고 관리계획 자체를 아예 멀리하게 된다. 그리고 프로젝트 성과 유지도 장담할 수 없다.

따라서 관리계획이 무용지물이 되지 않고 프로세스를 지키는 파수꾼 역할을 다하려면 '인간은 근본적으로 불완전하다'는 사실을 인정하고, 가능한 범위에서 사람이 편하도록 작성해야 한다.

One point lesson

:: 관리계획이란?

CTQ와 핵심인자를 어떻게 모니터링하고 통제할지를 문서화된 형태로
정리한 것을 말하는데, 다음과 같이 다양하게 정의할 수 있다.

- 공정과 제품의 변동 모니터링과 통제에 사용된 시스템을 요약 기술해
  주는 축약된 품질관리 문서
- 고객의 요구사항이 충족되게 하기 위해서 사용된 모든 관리방법을 공
  식적으로 기록하는 문서
- 측정시스템과 관리 방법이 평가되고 개선됨에 따라 갱신되는 살아 있는
  문서
- 작업 현장에서 직접 사용 가능한 간결한 작업 지침서

Control Plan 제정일: 2002. 8.10   **관리번호: 02KFA01**
부서: 대한축구협회   **작성주관자: 이유지**
핵심팀원: 나몰라   **합의자: 정몽준**   **개정일자: 2006.12.10**

공정	관리 인자	관리 방법			Reaction Plan	담당자
		규격	측정주기	통제 방법		
	개인기술	3명 제껴야	월 1회	체크리스트	특훈 3시간	박주영
	기초체력	1일 30km	주 1회	체크리스트	해병대 1주일 입소	차범근
	조직력	월 1주일 합숙	분기 1	체크리스트	벌금 100만 원 부과	히딩규
	패스	성공률 90%	주 1회	체크리스트	해병대 1주일 입소	김남일
	문전처리	3번당 1개 성공	매일	체크리스트	3시간 연장훈련	박주영
	감독	A매치 70% 승	연 1회	체크리스트	연봉삭감	정몽준
	기술위원회	신기술 월 1회	연 1회	체크리스트	우 원변경	이용수
	세트플레이	성공률 80%	연 1회	체크리스트	ㅅ간 연장훈련	이을용
	군 면제	A매치 20회 승리	연 1회	체크리스트	단기사병 입소	노문현
	격려금지원	A매치 5회 승리	연 1회	체크리스트	ㅈ 원제한	정몽준
	국민성원	시청률 50% 이상	매경기	체크리스트	홍보강화	악마

"원 MBB님이 걱정했던 이유를 알 것 같군요.
관리계획 자체가 근본적으로 불안한 관리도구라는 말이지요?"

"맞습니다. 그러나 그 사실을 알면서도
관리계획 외에 다른 대안을 적용하기도 어렵죠.
사람이 개입하지 않아도 되는 좋은 방법이
분명히 있지만 그 방법을 적용하려면 엄청난 비용을
지불할 수도 있기 때문입니다.
그래서 최후의 보루로 관리계획을 선택할 수밖에
없는지 몰라요."

"그것들이 뭐죠?"

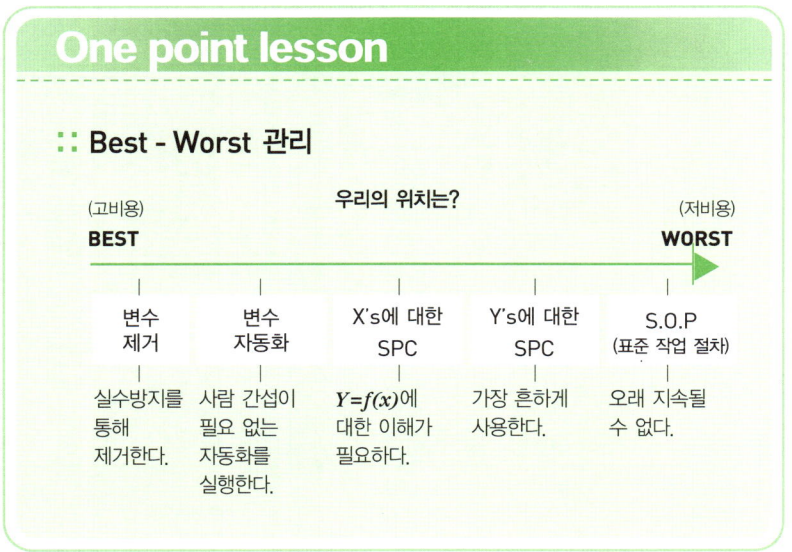

이번 프로젝트 정말 고생했어.

문서 양을 보니 장난 아니네요. 기대가 큽니다.

제가 이 완료보고서를 꾸미느라 공들인 것을 생각하면…

엥

시사점

▶▶ 프로젝트 문서화는 회사의 자산을 축적하는 과정이다.

▶▶ 프로젝트 문서는 실용문이다. 간결하면서도 구체적으로 표현하라.

호랑이는 죽어서 가죽을…

'호랑이는 죽어서 가죽을 남기고 사람은 죽어서 이름을 남긴다'는 말이 있다. 결과론적인 이야기를 할 때 자주 쓰는 말이다. 그렇다면 6시그마 프로젝트는 무엇을 남기는가?

프로젝트를 성공적으로 수행했다면 그 '성과'와 '보람'이 가장 크게 남을 것이다. 프로젝트 완료보고서의 대미에 프로젝트 성과와 소감을 적는 것만 봐도 알 수 있다. 그러나 6시그마를 진정으로 사랑하는 사람은 '프로젝트 과정'에 더 초점을 맞춘다. 여러 달에 걸쳐 땀 흘린 흔적을 생생하게 기록할 수 있는 '프로젝트 완료보고서'를 더 애지중지한다는 말이다.

'쓰디 쓴 고객의 소리, 핵심인자를 찾기 위해 스쳐간 통계자료, 개선하지 못하고 남겨둔 아쉬운 잠재인자들, 그리고 관리방법들 …' 이것들이 비록 프로젝트 성과보다 화려하지는 않지만 해당 프로세스가 없어지지 않고 계속 남아 있다면 언젠가는 각광받는 날이 올 것이다.

그러나 대부분의 사람들이 프로젝트를 문서화하는 작업을 귀찮아하고 가치 없는 일로 치부한다. 심지어는 문서화 작업이 너무 힘들고 어렵다는 핑계로 6시그마를 공격하기도 한다.

"개선 결과만 좋으면 됐지, 꼭 문서로 남겨야 하는지 모르겠다"고…

"마지막으로 내가 하고 싶은 말은 프로젝트 문서화에 관한 것이네. 자네처럼 많은 사람들이 완료보고서 꾸미느라 고생하지만 정작 그 실속을 아는 사람은 별로 없어. 이 참에 좀 일러둬야 할 것 같아서…"

프로젝트 문서화의 실속

:: 문서화는 곧 회사의 자산 축적

6시그마 프로젝트는 프로세스를 분석하고 개선하는 것이다. 따라서 프로젝트 단계별로 잘 정리된 산출물은 해당 프로세스를 이해하는데 필요한 지식이다. 나아가 그 이력들을 다 모으면 회사의 훌륭한 자산이 된다.

:: 스스로 문제를 인식하고, 이해하는 과정

6시그마 프로젝트를 추진하다 보면 어려운 문제에 봉착하기도 하고 지나친 정보 때문에 혼란스러울 때도 있다. 이러한 문제를 해결하는 것도 문서화 작업이다. DMAIC 단계별로 한쪽 한쪽 정리하는 과정에서 문제의 진의를 파악하고 이해하게 된다.

따라서 문서화를 통해 스스로 문제를 정의할 수 있다면 남을 설득하는 일은 쉽다. 거기에다 잘 정리된 문서까지 갖고 있다면 두려운 사람이 없게 된다. 이처럼 문서화는 프로젝트 이해관계자를 설득하는 훌륭한 도구이다.

:: 지식의 공유, 확산에 도움

'문서화'는 결과물인 '완료보고서'만 말하는 것이 아니라 '문서 작성 과정과 그것을 관리하는 체계'까지 포함한다. 그러므로 잘 만들어진 프로젝트 관리시스템(PSM)이 있다면 전 직원과 관련 지식을 공유할 수 있으며, 유사한 공정과 상황에서 신속하게 전파할 수 있다.

또한 같은 프로세스에서 비슷한 개선이 필요할 때에는 훌륭한 참고 자료가 되기도 하며, 신입사원들에게는 선배사원들이 지닌 노하우를 쉽게 얻을 수 있게 기회를 제공한다.

:: 지속적인 관리의 가이드 라인

문서화의 완성은 '프로젝트 완료보고서'이다. 프로젝트가 끝나면 이 보고서는 프로세스 오너에게 양도되는데, 프로세스 관리계획을 포함한 프로젝트 전반에 대한 지식이 들어 있어 개선된 프로세스를 관리하는 데 훌륭한 지침서가 된다.

"프로젝트 문서화가 그렇게 중요한 일인지 몰랐어요.
힘들고 어렵다고 대충하면 안 되겠군요."

"그래. 자네가 빨리 깨달았다면 문서화 작업 때문에
훨씬 더 훌륭한 프로젝트가 됐을지도 모르는데…"

6시그마 문서는 문학작품이 아니다

간혹 프로젝트에 충실하지 못한 사람들이 문서의 양으로 승부를 건다. 남들이 100장짜리 완료보고서를 만들었다고 억지로 100장을 만드는가 하면, 이른바 '쌈박한 문서'를 만들기 위해 의미 없는 그래프와 자료로 치장하는 경우도 있다. 이러한 생각은 문서의 분량만 늘리고 속빈 강정으로 만들기 십상이다.

6시그마 문서는 문학작품이 아니라 회사에서 통용되는 실용문서인 점을 잊지 말아야 한다. 픽션은 절대 금물이며, 쓸데없는 감성에 젖을 이유도 없다. 오로지 정확한 의사전달을 위해 간결하면서도 구체적인 표현을 하면 된다. 이 점을 미리 간파한 6시그마 선진회사는 교육프로그램에 '실용문 쓰기' 과정을 포함시키기도 한다.

프로젝트 리더는 프로젝트 과정을 더욱 충실하게 만들고, 완료 후에도 가치 있는 지식으로 빛을 발휘할 수 있게 문서화 작업에 헌신해야 한다.

진정한 Total의 의미

탈고 무렵 우리 회사 6시그마 마니아 챔피언 한 분의 편지가 전달되었다.

편지는 사내 ○○공장의 불량 개선 이야기로 시작되었다. 그 공장은 항상 일정 수준의 원재 불량이 발생되는데, 주요한 원인을 알고 있음에도 쉽게 개선되지 않았다. 새로운 조업기술 개발이 필요했고, 설비 투자가 수반되는 상황이었다. 이즈음 신입사원 몇 명에게 이 문제의 개선 임무가 주어졌다. 그런데 몇 개월 지나지 않아 불량률이 80% 이상 줄어드는 놀라운 결과가 나왔다. 가장 중요한 사항이라 여겼던 설비투자나 기술개발을 하지 않았는데도 어떻게 이런 수치가 나왔을까? 관련 지식이나 경험이 부족한 새내기들은 자기들이 할 수 있는 범위의 작은 개선들을 그야말로 열성을 다해 실행했을 뿐이었다. 검토단계에서 전체의 20% 정도의 시책이었지만 결과는 예상을 뛰어넘었다.

이 건을 계기로 Total의 의미를 다시 생각하게 되었다. 과거 TQC, TQM, TPM 등의 품질운동에서 Total을 강조하긴 했지만, 진정한 Total은은 목표의식과 열심히 노력하는 것을 넘어 마음과 마음이 합쳐진 것이라 생각한다. 우리는 흔히 설비, 기술 등 조건이 갖추어져야 개선되고 일이 이루어지는 것으로 알고 있다. 하지만 월드컵축구 16강 목표가 4강을 이루듯 수천만 명의 염원이 용해되면 표면적으로 나타난 조건이나 능력의 한계도 뛰어넘을 수 있다.

불가능해 보였던 80% 개선의 힘은 바로 여기에 있다. 현장을 누비며 개선에 몰입한 새내기의 순수한 열정이 공감과 동참을 이끌어내었고, 지속적인 개선이 바이러스가 되어 퍼져나가 공정 전체 스스로 개선하는 능력(Self-Improvement)을 지니게 되었다.

눈이나 입으로 하는 개선보다 회사나 고객, 동료를 사랑하는 마음으로 하는 개선이 더욱 강력한 힘을 발휘한다. 6시그마가 문제해결에 매우 효과적인 툴임이 분명하다. 하지만 개선하는 사람의 열정, 동료의 참여와 협력 분위기가 충만하면 툴이 가진 능력과 기술적인 한계도 넘어설 수 있다. 진정한 Total이란 목표를 뛰어넘어 마음 한 가운데 있음을 되새겨봄이 어떨지!

창원시 바닷가를 물어물어 찾아 온 사람들이 닿았다. 그들은 왜 낯선 곳, 먼 길을 마다하지 않았을까? '6시그마'를 몰라서? 아니다. 그들은 동무가 필요했다. 6시그마 때문에 겪었던 미묘한 문제를 공감하고, 현실적인 고민을 넋두리로 풀어낼 사람을 만나고 싶어서이다.

"그래! 다시 한 번 무딘 펜을 들자. 우리를 찾아준 고마운 이들과 미처 다하지 못한 얘기를 나누기 위해…"

이렇게 정한 25가지 주제는 포스코특수강㈜이 8년 동안 열심히 풀어낸 자기 성찰의 소리이다. 정통적인 관점에서 보면 조금 엉뚱한 주장도 있을 수 있다. 그렇다면 6시그마의 진정한 가치를 찾기 위한 자위적인 몸부림으로 봐주면 좋겠다.

이 책의 어느 한 구절일지라도 간절히 바라는 누군가를 만나 변화의 작은 불씨로 살아났으면 하고 소박하게 바란다.

– 2007년 여름 끝자락에서

6시그마
전략과 프로젝트

1판 1쇄 발행 2008년 3월 31일
　　　2쇄 발행 2009년 8월 18일

지은이 포스코특수강 6시그마연구회

펴낸이 이웅녕
펴낸곳 리드리드출판(주)
출판등록 1978년 5월 15일(제13-19호)

주소 121-704 서울 마포구 도화동 544 고려빌딩 209호
홈페이지 www.readlead.kr
이메일 we@readlead.kr
전화 (02)719-1424
팩시밀리 (02)719-1404

값 11,000원

ISBN 978-89-7277-247-7 13320